Zhiye yu Anquan

Disijie "Jidongche Jiashi Peixun yu Daolu Jiaotong Anquan Guoji Luntan ji Jidongche Jiashi Jiaolianyuan Zhiye Fazhan Yantaohui" Chengguo Huibian

职业与安全

第四届"机动车驾驶培训与道路交通安全国际论坛暨机动车驾驶教练员职业发展研讨会"成果汇编

北京京安驾驶人安全与素养研究院　编

人民交通出版社股份有限公司
China Communications Press Co.,Ltd.

内 容 提 要

本书是以“职业与安全”为主题的第四届“机动车驾驶培训与道路交通安全国际论坛暨机动车驾驶教练员职业发展研讨会”的成果汇编，包括直击国际论坛、领导致辞实录、教练员研究成果发布、嘉宾精彩演讲、国际经验交流、“中国车驾管历史回眸展”掠影六部分内容，全面、真实地再现了论坛的盛况。

本书适合从事道路交通安全和机动车驾驶培训行业的管理者、相关协会工作者和驾驶培训经营者等参考阅读。

图书在版编目（CIP）数据

职业与安全：第四届“机动车驾驶培训与道路交通安全国际论坛暨机动车驾驶教练员职业发展研讨会”成果汇编 / 北京京安驾驶人安全与素养研究院编 .—北京：人民交通出版社股份有限公司，2019.10

ISBN 978-7-114-15850-6

Ⅰ.①职… Ⅱ.①北… Ⅲ.①汽车驾驶员—技术培训—国际学术会议—文集②道路交通安全法—国际学术会议—文集 Ⅳ.① U471.3-53 ② D912.296-53

中国版本图书馆 CIP 数据核字 (2019) 第 215754 号

Zhiye yu Anquan

书　　名：职业与安全——第四届“机动车驾驶培训与道路交通安全国际论坛暨机动车驾驶教练员职业发展研讨会”成果汇编

著 作 者：北京京安驾驶人安全与素养研究院

责任编辑：刘泽宇

责任校对：赵媛媛

责任印制：张　凯

出版发行：人民交通出版社股份有限公司

地　　址：(100011) 北京市朝阳区安定门外外馆斜街 3 号

网　　址：http://www.ccpress.com.cn

销售电话：(010)65290014

总 经 销：人民交通出版社股份有限公司

经　　销：各地新华书店

印　　刷：中国电影出版社印刷厂

开　　本：787 × 980　1/16

印　　张：12.75

字　　数：205 千

版　　次：2019 年 10 月　第 1 版

印　　次：2019 年 10 月　第 1 次印刷

书　　号：ISBN 978-7-114-15850-6

定　　价：48.00 元

编写组

李　洁　曹仁磊　闫文辉　王福恒
夏　韡　刘　硕　范才彬　刘建莹
刘泽宇　赵　旭　贾　信　刘俊利

特别鸣谢

人民交通出版社股份有限公司
东方时尚驾驶学校股份有限公司

前　言

“安全”是机动车驾驶培训行业永恒的主题。近年来，机动车保有量的不断增长和驾驶人数的激增，使得驾驶人的素养与交通安全的矛盾日益凸显。交通事故频发，道路拥堵现象日益严重，道路交通事故已经成为当今社会第一公害。

道路交通安全是一个世界性的社会问题，教练员职业发展也是全球驾驶培训行业共同关注的话题。教练员是新驾驶人驾驶意识和驾驶技能的“启蒙者”，也是安全文明参与交通的“引路人”。教练员职业还具有承担重大社会责任、教学过程存在一定风险性、施教要求依法规范、教学群体复杂多样等特点。俗话说：“教育者必先受教育”。如何真正为人民系好交通安全的“第一粒扣子”，不断引导交通文明朝着正确的方向前进，这就要求教练员必须具备良好的交通安全素养和职业素养。为此，国家相关管理部门与行业协会、驾驶培训行业内的优秀企业共同牵头，在前三届“机动车驾驶培训与道路交通安全国际论坛”的基础上，邀请美国、法国、西班牙等国家和中国香港地区的专家学者共同举办了第四届“机动车驾驶培训与道路交通安全国际论坛暨机动车驾驶教练员职业发展研讨会”。

本次论坛以“职业与安全”为主题，与会各国嘉宾围绕机动车驾驶教练员职业发展等内容进行了深入的交流和探讨。本书以翔实的资料、丰富的内容展现了论坛的盛况，以较高的立意和开阔的视野总结了论坛的成果，希望为行业管理者、相关协会工作者、驾驶培训经营者提供新的思路，共同为培养高素质驾驶人、改善机动车驾驶培训和道路交通安全现状而努力。

编　者

2019年8月

目　录

第一章

直击国际论坛

第一节　论坛举办背景

随着我国经济发展进入新时代，机动车保有量仍继续保持快速增长态势。截至2019年3月底，全国机动车保有量达3.3亿辆，其中汽车达2.46亿辆，驾驶人达4.1亿人，近五年全国机动车驾驶人数量呈现持续大幅增长趋势，年均增量达3012万人，机动车、驾驶人总量及增量均居世界第一位。

机动车保有量的不断增长和驾驶人数的激增，使得驾驶人的素养与交通安全的矛盾日益凸显。交通事故频发、道路拥堵现象日益严重，道路交通事故已经成为当今社会第一公害，不经意的几秒钟就足以改变人的一生和家庭的未来。世界卫生组织（WHO）在今年5月发布的《2018年道路安全全球状况报告》中指出，全球道路交通死亡人数持续攀升，每年死亡135万人，即平均每小时世界上就有154人因交通事故死亡。公安部交通管理局统计数据显示，截至2018年，全国共受理交通事故报警超过2600余万次，每一次警情的背后都潜藏着人民财产损失甚至失去生命的巨大风险。根据最高人民法院2018年3月发布的《机动车交通事故责任纠纷案件报告》显示，在机动车交通事故发生的原因中，排名前三的分别为无证驾驶、酒后驾车和开车玩手机，这三种违法行为直指驾驶人交通安全素养的缺失。

交通安全状况不容乐观

机动车驾驶教练员这个职业群体担负着提升驾驶人安全文明素养，改善交通秩序和交通安全环境的重要使命。在此背景下，召开第四届“机动车驾驶培训与道路交通安全国际论坛暨机动车驾驶教练员职业发展研讨会”意义重大。本届论坛“职业与安全”的主题围绕机动车驾驶教练员职业发展开展交流研讨，增强机动车驾驶教练员的职业荣誉感和归属感，提升教练员这一从业人员群体的职业地位和社会影响力。

教练员担负着改善交通秩序和交通安全环境的重要使命

第二节　论坛筹备与组织

本届论坛以“职业与安全”为主题，旨在为驾培行业健康、有序、高质量发展提供更多交流和沟通的机会，学习国际先进经验，推动驾驶培训行业良性发展。本届论坛邀请了法国、美国、西班牙等国家和中国香港地区的交通管理部门负责人和行业专家参加，通过碰撞与交流，以期提升我国驾驶培训行业管理的质量和水平，提高公众安全文明出行意识，改善我国的道路交通安全环境。

本届论坛在筹备与组织过程中，得到了交通运输部运输服务司、公安部交通管理局、交通运输部职业资格中心、中国道路交通安全协会、公安部道路交通安全研究中心、公安部交通管理科学研究所的大力支持和指导。东方时尚驾驶学校股份有限公司、北京京安驾驶人安全与素养研究院作为承办单位，与人民交通出版社股份有限公司、新华社中国广告联合有限责任公司、北京电视台红绿灯节目组以及各地方驾驶培训协会通力合作，对论坛的各个环节进行了精心的组织和安排，使论坛获得了业界的高度赞誉，取得了丰硕成果。

第三节 论坛盛况

论坛现场

一、论坛概况

时间：2019 年 6 月 17 日至 19 日。

地点：云南昆明（翠湖）。

主题：职业与安全。

指导单位：交通运输部运输服务司、公安部交通管理局。

主办单位：交通运输部职业资格中心、中国道路交通安全协会。

支持单位：公安部道路交通安全研究中心、公安部交通管理科学研究所、人民交通出版社股份有限公司、新华社中国广告联合有限责任公司。

承办单位：东方时尚驾驶学校股份有限公司、北京京安驾驶人安全与素养研究院。

媒体支持单位：新华社、人民网、环球网、中央电视台、中新社、中国交通频道、北京电视台、云南电视台、北京交通广播、环球时报、中国交通报、中国汽车报、中国网、汽车之家、网易、搜狐、腾讯、新浪、今日头条等。

参会嘉宾：交通运输部运输服务司、公安部交通管理局有关领导，法国、美国、西班牙等国家和中国香港地区的机动车驾驶培训机构负责人，我国部分省（自治区、直辖市）行业监管与研究机构、驾驶培训行业专家、行业协会人员及重点驾驶培训机构负责人。

二、大会盛况

6月18日至19日，第四届“机动车驾驶培训与道路交通安全国际论坛暨机动车驾驶教练员职业发展研讨会”在云南昆明举行，参会人数达300余人。交通运输部运输服务司和公安部交通管理局领导分别代表机动车驾驶培训行业主管部门和驾驶考试行业主管部门出席论坛并致辞。来自美国、法国、西班牙等国家和中国香港地区的行业专家，与中国机动车行业监管机构、机动车驾驶培训机构的管理者及行业从业人员，围绕以机动车驾驶教练员职业发展促进道路交通安全展开交流与研讨。

论坛与会嘉宾向因道路交通事故罹难者默哀

论坛宣传片

与会嘉宾

交通运输部运输服务司副司长蔡团结在会场

公安部交通管理局副局长王强在会场

交通运输部职业资格中心主任申少君在会场

中国道路交通安全协会常务副理事长樊汉国在会场

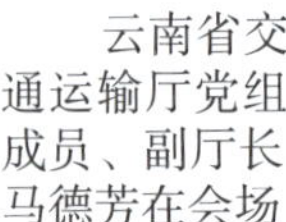

云南省交通运输厅党组成员、副厅长马德芳在会场

云南省道路运输管理局副局长吴爱平在会场

北京市交通委员会驾驶员培训管理处处长王小平在会场

湖南省道路运输管理局副局长黄新宇在会场

广东省道路运输事业发展中心处长冯旭光在会场

天津市道路运输管理处副处长刘立新在会场

江西省公路运输管理局驾培处副处长黄辉在会场

重庆市道路运输管理局副处长钟斌在会场

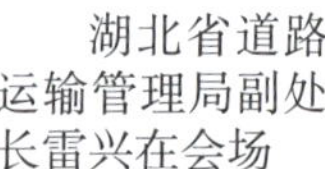

湖北省道路运输管理局副处长雷兴在会场

广西壮族自治区道路运输管理局副科长莫宽文在会场

人民交通出版社股份有限公司营销总监张大勇在会场

法国嘉宾弗拉维安·勒朗迪先生在会场

美国嘉宾卡尔·F·比蒂先生在会场

西班牙嘉宾哈维埃尔·萨尔瓦多先生在会场

中国香港嘉宾朱灿培先生在会场

上海市机动车驾驶员培训行业协会会长俞维林在会场

广州市机动车驾驶培训行业协会常务副会长马宏谊在会场

浙江省汽车驾驶员培训行业协会常务副会长李超在会场

内蒙古机动车驾驶员培训行业协会会长刘禹辉在会场

湖南省机动车驾驶员培训协会会长胡莹在会场

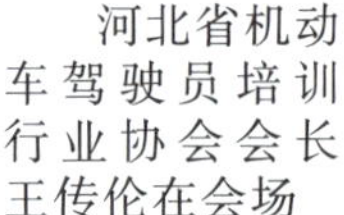

河北省机动车驾驶员培训行业协会会长王传伦在会场

山西省机动车驾驶员培训行业协会副会长张文在会场

安徽省机动车驾驶培训行业协会秘书长束龙友在会场

河北省机动车驾驶员培训行业协会常务副会长马宏在会场

江苏省机动车驾驶人培训行业协会秘书处秘书杜蒙仙在会场

陕西省机动车驾驶员培训协会会长刘晓春在会场

第四节　论坛成果

“机动车驾驶培训与道路交通安全国际论坛”是具有非官方性质的各国机动车驾驶培训机构业务交流的一次盛会，是相互交流经验、沟通感情的国际性学术活动。

“安全”是机动车驾驶培训行业永恒的主题。“机动车驾驶培训与道路交通安全国际论坛”已经连续举办了三届，首届论坛以“责任与安全”为主题，第二届论坛以“质量与安全”为主题，第三届论坛以“诚信与安全”为主题。今年，第四届“机动车驾驶培训与道路交通安全国际论坛暨机动车驾驶教练员职业发展研讨会”　以“职业与安全”为主题，与会嘉宾结合自身研究成果，进行了深度交流。

一、发布教练员职业丛书 提高教练员职业素养 系好交通安全“第一粒扣子”

近年来，“大国工匠”、职业技能培训、职业教育等已成为社会关注热点，国家也出台了相关政策，积极引导和鼓励不断提升从业人员素质。

本届论坛“职业与安全”的主题契合这一社会热点，围绕机动车驾驶教练员这一关键职业交流研究成果、发展经验。论坛发布了由交通运输部职业资格中心组织编写和审定的《交通运输职业系列丛书——机动车驾驶教练员》《中国交通运输从业人员发展报告——机动车驾驶教练员》《机动车驾驶教练员国家职业技能标准》等研究成果。

交通运输部职业资格中心党委书记、主任申少君表示，职业是劳动分工的产物，开展职业研究对于帮助从业人员适应现代市场经济条件、适应社会化管理、适应产业结构转型升级、适应人力资源配置需求都具有重要意义。这些职业研究成果，可以帮助教练员从职业角度增加自我认同，也可以帮助社会公众更好地了解教练员职业，这对于提升教练员的职业荣誉感、获得感和归属感，提高教练员的社会认可度具有重要意义，同时对于增强教练员队伍的凝聚力、促进道路交通安全健康发展具有重要作用。

申少君介绍，目前交通运输部职业资格中心在教练员职业研究上取得了初步成果。未来，将系统地研究机动车驾驶教练员的职业伦理、职业信息更新、职业胜任力模型构建等内容，深入挖掘机动车驾驶教练员的职业内涵和外延。围绕提高机动车驾驶教练员职业荣誉感、获得感和行业归属感、安全感开展研究。加强新一轮科技革命和产业变革对交通运输职业影响的研究，做好前瞻布局，应对挑战。

二、教练员职业发展全球关注 国外经验值得借鉴

道路交通安全是一个世界性的社会问题，教练员职业发展也是国际驾培行业共同关注的话题。本届论坛上，国内外嘉宾围绕论坛主题“职业与安全”展开精彩演讲和讨论。其中，三位国外嘉宾带来的演讲吸引观众眼球。

来自法国的 Ornikar 驾驶学校管理合伙人 M.Flavien LE RENDU（弗拉维安·勒朗迪）介绍了法国驾校的教育改革情况，法国驾驶教练员的培训计划以及法国驾驶教练员的挑战和解决方案，全面介绍了法国培养驾驶教练员的经验和历程。

美国加州驾驶培训学校校长 Carl F Beatty（卡尔·F·比蒂）的演讲围绕“如何保护教练员的心理健康”和“如何建立并提升教练员的职业荣誉感” 重点介绍了如何改善专业驾驶教练员的“心理健康”，以及如何使专业驾驶教练员真正成为一个“光荣的职业”。

西班牙马德里驾校校长 Javier Salvador（哈维埃尔·萨尔瓦多）带来了关于西班牙道路安全、驾驶教育和驾校教练员培训的演讲内容，介绍了西班牙道路安全情况、西班牙驾校教练员培训方案，非常有借鉴意义。

论坛组委会为与会国内外嘉宾颁发荣誉证书

三、聚焦“职业与安全” 国内嘉宾各抒己见 妙语连珠

论坛上，六位中国嘉宾也就教练员的职业现状和发展进行了精彩演讲。

交通运输部职业资格中心公路职业资格处处长王福恒的演讲题目是“机动车驾驶教练员职业定位与发展——机动车驾驶教练员职业丛书介绍”，他从教练员的社会地位、教练员的职业特色和价值、教练员的机遇和挑战几个方面介绍了教练员职业的研究成果。

交通运输部职业资格中心考务管理处报告主编贾信的演讲题目是“机动车驾驶教练员从业人员发展报告”，根据抽样调查情况，对全国机动车驾驶教练员职业状况进行分析。

作为行业龙头代表，东方时尚驾驶学校股份有限公司总经理闫文辉发表了题为“职业素养与交通安全”的演讲，系统地介绍了职业素养与交通安全、素养的含义、国民交通安全意识的现状、交通素养与安全的关系以及激活交通安全原点等几方面的内容，演讲内容丰富充实，引人深思。

论坛组委会执行主席闫文辉在论坛中发言

来自中国香港地区的香港驾驶学院行政总裁朱灿培先生与观众分享了香港驾驶学院教练员培养和提升的做法。他的演讲题目为“机动车驾驶教练员的专业培训及职业发展”。他认为，向教练员提供专业培训及良好的职业发展，是确保优质驾驶培训重要的一环。

黑龙江省哈尔滨市北环驾校理论课教员刘兆辉带来了题为“教练员的职业与安全”的演讲。他指出，目前大部分教练员是“半路出家”，理论和文化知识基础薄弱，有丰富的驾驶经验，但缺乏系统的理论知识，“知其然，不知其所以然”，教学语言贫乏，教学方法落后。教练员行业规范和从业标准需要完善和加强。

广东省广州市粤安驾校教练员董必文的演讲题目为“教练结合科技提升教学服务”，通过自身的例子为参会人员展示了如何通过科技的辅助，促进教练员自身素质和教学内容的提升。

四、“中国车驾管历史回眸展”、文明交通进驾校“五个一”展示吸引人眼球

第三届“机动车驾驶培训与道路交通安全国际论坛”上举办的中国车驾管历史回眸展，展出了车驾管历史上很多珍贵藏品，受到与会嘉宾的热烈欢迎和追捧。

本届论坛将延续中国车驾管历史回眸展，展出多件珍贵藏品，包括迄今发现的中国最早汽车驾驶证、人民公安颁发的最早汽车驾驶证、新中国成立后各代汽车驾驶证、教练汽车车牌、学习驾驶合约、学习驾驶师徒合同、学习驾驶申请登记考验书等，系统地回顾中国汽车驾驶培训及驾驶证制度的变迁历程。

中国车驾管历史回眸展

全国文明交通进驾校“五个一”活动展示对公安部、交通运输部组织开展的文明交通进驾校“五个一”活动进行了精彩展示。2019 年文明交通进驾校“五个一”活动，已经形成制度化、规范化、常态化。目前，在全国 31 个省（区）、市，文明交通进驾校“五个一”活动已经形成“政府主导、部门联动、驾校尽责、行业参与”的工作格局，各地有序推进，效果突出。

此外，智能教学培训模式也在本次论坛上首次亮相。据了解，将 VR 技术引入驾校在日本等国家已经有很多成熟的案例。目前，我国部分先进驾校也逐步将智能电子教练、VR 模拟设备引进到教学中，相信在科技飞速发展的当下，这也是传统驾校走向科技化的必然趋势。

嘉宾体验 VR 设备

第二章

领导致辞实录

第一节　锤炼职业素养　强化职业担当
培养安全文明新驾驶人

王　强
公安部交通管理局副局长

公安部交通管理局副局长王强在论坛上致辞

摘　要

教练员体系与教学体系要相统一，培养一批爱岗敬业、技艺纯熟的精英教练员，打造一批内容充实丰富、学员爱听愿学的精品课程，建立一套符合我国实际、契合学员特性的精良教学体系；系统教学与案例教学要相统一，构建交通安全知识教育、交通事故案例警示、公益实践活动体验等“多位一体”教学体系；教学条件与制度保障要相统一，确保理论教学落实到位、规定学时执行到位、训练里程保障到位、投诉反映解决到位。

各位嘉宾,女士们,先生们:

大家上午好!

首先,我代表公安部交通管理局对第四届"机动车驾驶培训与道路交通安全国际论坛"隆重召开表示热烈的祝贺。

论坛自2016年开始,已经成功举办了三届。这三年,也是深入推进国务院驾驶培训考试制度改革的三年,更是机动车驾驶人培训考试管理工作发生深刻变革的三年。三年来,我们以安全文明为引领,完善制度机制,修订了《机动车驾驶证申领和使用规定》《机动车驾驶培训教学与考试大纲》等规章规范和技术标准,优化调整培训考试内容和方法,更加突出安全文明意识考核,更加契合实际道路交通环境。三年来,我们以公平公正为核心,巩固管理基础,全面推行互联网自主报考约考,推动考试智能评判系统建设应用,推行考生身份人脸识别、考试过程公开公示、考后回访和音视频抽查检查、考试数据常态化分析研判,考试管理更加严格规范。三年来,我们以改革创新为驱动,全力简政便民,主动适应人员车辆大流动的新形势,推行小型汽车驾驶证全国通考、异地分科目考试等系列改革措施,有力促进了人员货物流通、助推经济发展。这些新政的出台、成效的取得离不开驾培行业的积极参与、全力配合和鼎力支持。借此机会,向长期以来为推进落实驾驶培训考试制度改革、提升我国驾驶人安全文明水平做出努力和贡献的驾培工作者致以诚挚的感谢!三年来,论坛紧紧突出"安全"这一核心要求,围绕"责任""质量""诚信"三大主题深入探讨,对驾培行业发展起到了积极的促进作用,影响力、号召力、传播力与日俱增。今年论坛主题又聚焦"职业与安全",围绕机动车驾驶培训教练员职业发展开展交流研讨,必将对提升驾驶培训质量、构建交通文明社会产生积极效应。在此,提三点希望。

一、恪守职业精神:追求安全为本、技能过硬

当前,我国机动车驾驶人数量已达4.2亿人,平均每2个成年人中就有1人持有驾驶证,而且这一群体仍以每年近3000万人的数量在增长。驾驶人安全文明素养水平直接关系到我国道路交通治理能力现代化进程。希望驾培机构、教练员牢固树立以授业育人为第一要务的思想,以安全为本,强化意识、知识、技能"三位一体"的培训理念,真正培育出安全文明、守法礼让、技能过硬的新驾驶人。

意识培养是核心。要着力培养和强化学员知危险、会避险的安全意识，各行其道、各守其则的规则意识，尊重法律、珍爱生命的责任意识，礼让为先、温和谦逊的文明意识，将安全文明驾车理念内化于心、外践于行。

知识培育是关键。要全方位解析标志标线等交通语言、通行让行等交通规则、观察判断处置等驾驶方法，帮助学员构建起系统科学、准确明晰的交通安全知识体系。

技能培训是根本。要强化理论与实践相结合，理论学习突出明知识、记要点、懂原理，使学员知其然更知其所以然；实践操作突出实用导向、反复训练，使学员遵法守规、车熟技精，真正会开车、敢上路。

二、锤炼职业素养：坚持固本强基、素质育人

工欲善其事，必先利其器。希望驾培行业、教练员秉承工匠精神，完善配套教学制度，夯实教学基础，推动我国驾培行业从“应试教育”向“素质教育”转型。

教练员体系与教学体系要相统一。注重提升教练员法治素养、专业素养和文化素养，培养一批爱岗敬业、技艺纯熟的精英教练员；围绕提升教学品质，打造一批内容充实丰富、学员爱听愿学的精品课程；吸收借鉴国外先进理念方法，建立一套符合我国实际、契合学员特性的精良教学体系。

系统教学与案例教学要相统一。创新教学模式，构建交通安全知识教育、交通事故案例警示、公益实践活动体验等“多位一体”的教学体系，切实将安全文明意识根植于学员内心。

教学条件与制度保障要相统一。夯实驾培驾考软硬件基础，落实必备的教室场地、设施设备等物质保障，完善学时监管、学员监督、投诉举报等制度机制，确保理论教学落实到位、规定学时执行到位、训练里程保障到位、投诉反映解决到位。

三、强化职业担当：服务安全大局、民生发展

驾培行业的发展，与公共安全息息相关，与社会发展联系密切。希望驾培行业持续提升专业化、职业化发展能力和水平，履行好育人的本职工作，服务安全和发展大局。

以高质量教育夯实交通安全基础。要主动担当起时代赋予的重要职责使命，培养更多安全文明新驾驶人，为道路交通系统输入高质量新鲜血液，为道路交通安全形势稳定夯实基础。

以高水准教学服务交通运输发展。道路交通运输行业的高质量发展，对驾培行业的集约化、专业化发展提出了新的要求。要大力推动驾培行业提升教学和育人水平，以高水准培训、高质量学员展现职业化、专业化，推动行业行稳致远、健康发展。

以高标准要求提升惠民服务水平。进入新时代，驾培行业要主动着眼群众所需所盼、所忧所怨，积极推进培训模式变革，落实好跨驾校分科目培训、先培训后付费等改革措施，提升服务管理水平，切实方便群众学车考证，服务群众、普惠民生。

新时代新征程，希望驾培行业始终立足服务安全和发展的大局，进一步创新发展，培养安全文明新驾驶人，争做交通安全的守护者、经济高质量发展的助力者、社会文明风尚的引领者，切实夯实交通文明的基础，为创建“平安中国、交通强国”做出新的更大的贡献。

最后，预祝论坛圆满成功！谢谢大家！

第二节　优化顶层设计　聚焦关键人员　聚焦改革创新　推进行业高质量发展

蔡团结
交通运输部运输服务司副司长

交通运输部运输服务司副司长蔡团结在论坛上致辞

摘　要

聚焦关键人员，着力夯实素质教育基础，推进驾驶人的素质教育，推进教练员的信用管理，推进教练员的职业资格管理，推进改善教练员的精神状态，打造一支高素质的教练员队伍；坚决落实大纲要求，严格管理学时记录，积极推进信息共享，加强培训考试信息的交流互通和工作衔接，统筹推进分类管理，对全国约考条件不一带来的流动情况要加强市场、信息的监测，守好安全底线，确保行业公平竞争。

各位领导、各位嘉宾，女士们、先生们：

大家上午好！

很荣幸参加第四届“机动车驾驶培训与道路交通安全国际论坛暨机动车驾驶教练员职业发展研讨会”。前三届论坛我参加了两届，每一次论坛的主题都非常鲜明，这次论坛的主题是“职业与安全”，围绕教练员的职业化发展进行研讨和交流，紧紧抓住了驾驶人培训行业和道路交通安全的关键核心，对于推动驾培行业改革发展、提升道路安全水平必定发挥重要的作用。在此，我代表交通运输部运输服务司对论坛的召开表示热烈的祝贺！对各位嘉宾、各位代表对本次论坛付出的艰辛努力表示感谢！

近年来，在各方的共同努力下，全国机动车驾驶培训行业取得了快速发展。截至2018年底，全国机动车驾驶培训机构已经超过1.9万家，教练员接近100万人，教练车超过78万辆，年培训人次超过2700万，有效满足了人民群众的需求。当前，驾驶培训行业正处在改革发展稳定的关键时期，取得了很多成绩，也面临着很多困难、困惑和问题。亟待需要发挥各方的智慧，共同推进行业的高质量发展。借此机会，我想就推进行业高质量发展、确保道路交通安全跟大家谈几点体会。

第一，我们需要进一步优化顶层设计，完善驾驶人培训行业的治理体系。2018年8月下发的《国务院关于在全国推开“证照分离”改革的通知》提出了五条要求，一是推广网上业务办理；二是压缩审批时限，将法定审批时限压缩三分之一；三是精简审批材料，在线获取核验营业执照等材料；四是公示审批程序、受理条件和办理标准，公开办理进度；五是推进部门间信息共享，加强事中事后监管。《通知》进一步完善了驾培改革的顶层设计，为我们的工作指明了方向，给提升驾培行业治理能力、建立行业治理体系提出了更高的要求。除了市场准入优化以外，强调加强事前事中事后的管理，特别是对岗位的管理，结合现代信息技术加强数字监管，健全社会监督体系，共同推进行业治理体系。目前，交通运输部正在修订驾驶培训管理规定，逐条对照落实，优化准入服务，将相关的审批材料大幅精简，通过政务部门信息共享，从政府机关获取的材料不再需要重复提供。大幅压缩审批事项，加强对教练员事中事后的监管，推动监管方式的创新。推进惠民、便民、利民的环境，取消驾培机构规模和培训车型种类挂钩的规定。积极回应从业资格培训市场的需求，大力推进网络远程、先培后付等便利措施，赋予学员更多的自主选择权，优先保障学员的合法权益。明确驾培机构负责人的管理要求，进一步规范驾培机构的经营行为。提升服务水平，优化学习体验，加强目标导向，提出学校的管理和教练员的服务是否规范应以学员评价为主的监督机制。增加机动车驾驶培训机构应当公示收费标准、项目、教练员、教学场地等教学内容，健全违法违规行为的处罚体系。充分发挥行业协会作用，拓宽监督渠道，强化行业自律，促进行业公平竞争，提升服务。

第二，聚焦关键人员，着力夯实素质教育基础。教练员是学员驾驶技能的传授者、安全意识的塑造者，是推动驾驶人素质教育工程的关键岗位，提升教练员的综合素质对于培养安全文明高素质的驾驶人，保障道路交通安全，推进驾培行业转型升级、健康可持续发展具有重要的意义。刚才开幕式短片制作得非常不错，我觉得教练员和老师相比，他们的职责大多是一样的。传道授业解惑，“道”就是教育学员安全文明意识，就是要牢固树立安全驾驶的原则，就是要从“不开赌气车”“严格守法”做起。“业”就是教会学员驾驶技能，同时也要教会学员在出现紧急情况时应急处置的操作规范。我们的客车驾驶人、货车驾驶人遇到紧急情况时，如果能正确地处置，可以大幅度降低伤亡。“惑”就是去纠正学员错误的认识、习惯、做法，很多学员在学车之前已经有一些模糊的认识，学员感觉这样是对的，但在实际道路驾驶过程中，这个做法是错误的。为什么规则应该这么定，我们要把它的道理、背后的依据向学员讲清楚，不要让学员死记硬背，让学员自觉养成安全文明驾驶的意识，知道结果的同时也要知道为什么要这么做，这样才能更好地推进驾驶人素质教育工程。我们正在制订教练员管理的文件，开展建立教练员的职业资格体系、职业资格标准和管理等相关工作。我们要推进驾驶人的素质教育，推进教练员的信用管理，推进教练员的职业资格管理，推进改善教练员的精神状态。教练员是驾培行业最关键的岗位，要给他创造更好的就业环境，教练员的各种保险，正常的工作休息，正常的工作待遇等都要保障到位。驾驶机动车是一个高风险的社会行为，驾驶人的安全意识是安全形势的首要因素，教练员的一言一行对学员后期的驾驶行为影响最大，我们要提升教练员的安全意识，再通过言传身教传递到学员身上，才能确保学员掌握驾驶技能和安全意识。教练员要有专业过硬的教学本领，自己开车很好，安全意识很高，但传授不出来，说不出来，是没有意义的。教练员要根据不同学员的特点，因材施教，确保各项教学要求落到实处。教练员还要有热情真心的服务理念，他直接面向学员，是学员了解驾培机构和行业的一扇窗口，好的教练员是驾校的名片。相反，教练员服务不好、吃拿卡要也会成为影响驾培机构或者驾培行业形象的因素。聚焦关键人员，打造一支高素质的教练员队伍，需要我们行业上下共同努力。

第三，聚焦改革创新，协同提升服务水平。近年来驾培行业以及交管部门在驾培管理、考试管理、考试便民等方面推出很多改革的举措，为社会提供了更多学车考试的服务。培养安全文明高素质的驾驶人，始终是我们的初心和使命。为社会筑牢道路交通安全的第一道防线，始终是机动车驾驶培训行业的责任和担当，我们要始终坚守初心，积极担当使命，找准问题差距，全力抓好落实，形成协同共治的良好氛围，不断提升驾培行业的水平。一是坚决落实大纲要求，形成全国一条心。驾校是培养机动车驾驶人的学校，国内外海量的教学实践表明，尽管有极少数特别聪明的学生,可以不经过正规学校教育而取得驾驶证,但对于绝大多数学员来说，严肃、认真、科学、规范的学校教育是增进知识、获取技能、获取知识的必由之路。特别是职业驾驶人，一定要在正规的驾驶学校学习，把他的恶习、陋习杜绝，特别要纠正在学小车过程中出现的不正确操作。曾经有过客车驾驶人为了躲避一个动物，造成车上众多人死亡的案例，为了躲避一件小事情而酿成一个大祸，是不科学的，这需要专家共同探讨。一定要让职业驾驶人接受正规的教育和培训，一定要严格按照教学大纲的要求统一思想认识，对未完成学时的学员，不得签发培训记录，驾培机构也不要埋怨，学时还没学完，学员就考试完了，这种情况要做好记录，特别是营运客货驾驶人，还没有把学时学完就拿到驾驶证的，档案要严格管理。二是积极推进信息共享，实现全国一张网。让数据多跑路，让学员少跑腿，《政务信息资源共享管理暂行办法》以及国务院办公厅转发公安部、交通运输部《关于推进驾驶人培训考试制度的通知》明确提出，加快推进全国驾驶数据的交换，尽快实现与全国平台对接，实现全国一张网，并与考试网实现互联互通，信息共享。针对小型车异地分科目考试，我们要主动适应新的举措，调整自身的方式，抓紧升级完善，优化培训学时的程序，满足全国范围内的流转需求，协会和各方面也要关注这方面的需求情况，对下一步管理决策提供更好的支撑。三是统筹推进分类管理，构建全国一盘棋。要统筹推进，按照分类管理、统筹兼顾、明确责任的原则，根据不同的驾驶人培训模式特点，充分考虑各地的信息化基础，分类引导驾培机构提供精准精细的服务。包括优化服务模式、信息传递移交，同时完善一些保障措施。目前，江苏、海南、广东等地的交通运管、公安交管部门已经联合出台“放管服”服务细则，其他省份也应借鉴。四是围绕守护交通安全，绘好全国一张图。要畅通学员的投诉渠道，真正让学员有知情权、监督权，对未经许可的黑驾校以及挂靠的教练员要依法依规进行处罚。我们必须顺应便民的改革，对自身及驾培市场管理方式的优化也需要进一步调整。这个过程中，如果我们没有准备好，极有可能出现混乱局面，会对驾培市场造成严重的冲击。交通部门要积极协同协调公安交管部门，加强培训考试信息的交流互通和工作衔接，对全国约考条件不一带来的流动情况要加强市场、信息的监测，特别是省界交界地带的驾校。同时积极向公安部门协调，加强与转出地的交管部门衔接，第一时间将不稳定的因素消化在萌芽状态下。我们应主动适应考试便民政策对驾培行业造成的影响，以安全作为我们的底线，以服务作为我们吸引市场的本领，确保行业公平竞争，不打价格战。打价格战最终的结果就是缩短学时，最终以应试为核心目标，培养的驾驶人即便拿到驾驶证也是不合格的驾驶人。

最后，再次感谢各位嘉宾和代表长期以来对机动车驾驶培训行业的关心和支持，预祝本次论坛取得圆满成功！祝各位嘉宾和代表工作顺利、生活愉快、身体健康！

谢谢大家！

第三节　提高教练员职业荣誉感　守住安全驾驶第一道防线

申少君
交通运输部职业资格中心主任

交通运输部职业资格中心主任申少君在论坛上致辞

摘　要

从职业意识、职业道德等角度入手，强化教练员的责任，把好驾驶人安全驾驶的第一道关口，守住驾驶人安全驾驶的第一道防线。着眼于职业，见效于安全，坚持科学、系统研究机动车驾驶教练员的职业技术、职业工具、职业要求，深入挖掘机动车驾驶教练员的职业内涵与外延。遵循机动车驾驶教练员成长的科学规律，突出职业保障，努力提高机动车驾驶教练员的职业荣誉感、获得感和行业归属感。

尊敬的王强副局长、蔡团结副司长、樊汉国副理事长、马德芳副厅长，国内外各位嘉宾，女士们、先生们、同志们，新闻界的朋友们：

大家上午好！

为了践行构建人类命运共同体，国内外同行相聚一堂，共商道路交通安全问题的良策，意义重大，我代表交通运输部职业资格中心向第四届“机动车驾驶培训与道路交通安全国际论坛”的召开表示热烈的祝贺，向出席“机动车驾驶教练员职业发展研讨会”的朋友们表示热烈的欢迎！

近年来，交通运输部职业资格中心逐步深化交通运输职业研究工作，深度挖掘和向公众展示交通运输职业价值，促进从业人员全面、深入、系统地认识交通运输职业，进一步学习掌握有关职业知识、强化职业意识、提高职业能力和道德水平。我们先后在船舶引航员、桥梁工程师等职业开展研究，出版了《交通运输职业系列丛书》和《交通运输从业人员发展报告》，召开了一系列的职业发展研讨会。“机动车驾驶教练员职业发展研讨会”是道路运输服务领域的第一个职业发展研讨会，之所以选取机动车驾驶教练员这一职业，就是考虑到这一职业是驾驶人的老师，是安全驾驶的源头，是交通运输安全工作的重中之重。本次职业发展研讨会的主题是“职业与安全”，就是希望从职业意识、职业道德等角度入手，强化教练员的责任，把好驾驶人安全驾驶的第一道关口，守住驾驶人安全驾驶的第一道防线。着眼于职业，见效于安全，坚持科学、系统研究机动车驾驶教练员的职业技术、职业工具、职业要求，深入挖掘机动车驾驶教练员的职业内涵与外延。遵循机动车驾驶教练员成长的科学规律，突出职业保障，努力提高机动车驾驶教练员的职业荣誉感、获得感和行业归属感。

展望职业发展，加强新一轮科技革命和产业变革对交通运输职业的影响研究，特别是对机动车驾驶教练员这一职业的影响，做好前瞻布局，积极应对产业升级、知识和技能错配带来的挑战。

女士们、先生们，希望大家在“机动车驾驶教练员职业发展研讨会”上广泛交流、深入研讨，互学互鉴，不断创新理念，促进驾驶教练员为国家绿色发展作出新的更大贡献。预祝第四届“机动车驾驶培训与道路交通安全国际论坛暨机动车驾驶教练员职业发展研讨会”圆满成功！期待“机动车驾驶教练员职业发展研讨会”取得丰硕成果。

谢谢大家！

第四节　为教练员职业发展出谋划策　为道路交通安全贡献力量

樊汉国
中国道路交通安全协会常务副理事长

樊汉国精彩致辞视频

中国道路交通安全协会常务副理事长樊汉国在论坛上致辞

摘　要

驾驶人是道路交通安全的直接参与者，驾驶培训机构是向社会输出合格驾驶人的源头，教练员是驾驶培训行业的基石，关乎交通文明建设的前进方向。机动车驾驶教练员这个职业群体担负着提升驾驶人安全文明素养、改善交通秩序和交通安全环境的重要使命。切实加强教练员的源头管理工作，全面提高教练员职业素质，需要政府相关部门在政策管理方面发挥作用，更需要全社会共同关注这一职业群体的健康发展。

各位嘉宾、各位领导,女士们、先生们、朋友们:

上午好!

欢迎参加第四届“机动车驾驶培训与道路交通安全国际论坛”,在此我谨代表中国道路交通安全协会向前来参加本次论坛的各位领导、嘉宾、各界同仁表示诚挚的欢迎!向长期以来关心支持道路交通安全事业发展的各界朋友表示衷心的感谢,对此次论坛顺利启动表示热烈的祝贺!

近年来,随着我国社会经济的快速发展,机动车和驾驶人数量迅速增加,人民群众的出行需求迅猛增长,驾驶技能和习惯不适应现代汽车社会发展的问题日益突显,引发了许多本不该发生的道路交通安全事故,给人民群众生命财产造成很大的损失。这反映出全社会交通安全理念、交通文明意识和整个道路交通安全事业发展还不相适应,特别是不文明的驾驶行为和交通陋习还比较普遍,交通安全教育培训工作任重道远。驾驶人是道路交通安全的直接参与者,驾驶培训机构是向社会输出合格驾驶人的源头,教练员是驾驶培训行业的基石,关乎交通文明建设的前进方向。身为示范,为人师表,机动车驾驶教练员这个职业群体担负着提升驾驶人安全文明素养、改善交通秩序和交通安全环境的重要使命,他们自身的技术实力和文明素质将直接影响能否向社会输出合格的驾驶人。因此,切实加强教练员的源头管理工作,全面提高教练员职业素质十分必要,这不仅需要政府相关部门在政策管理方面发挥作用,更需要全社会共同关注这一职业群体的健康发展。作为公安部直属的道路交通安全协会,十分关注机动车驾驶人考试制度对机动车驾驶教练员职业素质培养的影响。当前,驾驶人考试培训制度中依然存在着重应试轻素质、重技巧轻意识的传统思维,导致不少教练员不愿意、没动力、没压力提升自身的安全意识和职业素养,在教学过程中过度强调考试科目,不重视道路交通安全法律意识和交通文明素养的教育,培养了一些不适应汽车文明社会的新驾驶人。而且,目前我国职业驾驶人才教育体系尚未建立,广大职业驾驶人依然依赖社会化的从业资格培训,他们的法律素养和安全意识也普遍偏低,因此,在机动车驾驶教练员职业发展方面有很多东西值得我们各地同仁深入探讨,提出改进意见。

今年中国道路交通安全协会再次作为主办单位举办此次论坛,就是希望为大家提供这样一个平台,共同围绕驾驶教练员在驾驶培训、道路交通安全法律意识和素质教育方面的薄弱环节开展研讨,共同为教练员职业群体发展出谋划策,引导提升教练员职业地位，倡导社会责任感和使命感，树立素质教育理念，预防和减少道路安全事故，推动整个社会文明驾驶和汽车文化的发展，我相信通过此次论坛的开展必将对增强教练员队伍的责任意识，提高服务品质，促进职业发展起到良好的推动作用。

女士们、先生们，保障道路交通安全有序畅通，为和谐社会创建守法安全文明的交通环境，促进经济社会更好更快发展是每个驾培人的共同职责，让我们携手并进，履行义务，担当责任，为中国的道路交通安全、和谐有序的发展做出我们应有的贡献。

最后，预祝论坛圆满成功！谢谢大家！

第五节　探讨职业与安全　促进行业健康发展

马德芳
云南省交通运输厅副厅长

云南省交通运输厅副厅长马德芳在论坛上致辞

马德芳精彩致辞视频

摘　要

在人、车、路这三个与道路安全相关的环节中，人的因素始终是最重要和最关键的。探讨职业与安全问题，深入挖掘机动车驾驶教练员职业内涵，对促进行业人才队伍健康发展有重要的意义。

尊敬的蔡团结副司长、王强副局长、申少君主任、樊汉国副理事长，尊敬的各位领导、专家、学者：

大家早上好！

莽莽群山抱古城，四季看花花不老，一江春月是昆明。今天我们在昆明迎来了第四届“机动车驾驶培训与道路交通安全国际论坛暨机动车驾驶教练员职业发展研讨会”的召开，借此机会，我谨代表云南省交通运输厅，代表王云山厅长向本次研讨会的召开表示热烈的祝贺，向各位与会的领导、专家表示热烈的欢迎！

云南地形复杂，基本上是高山深谷的横断山脉，山地比例超过98%，长期以来交通极为不便，大大制约着云南经济和社会的发展。自1996年云南有了第一条高速公路——昆明至嵩明的高速公路以后，云南的公路建设走上了高速发展道路。“十三五”前三年，全省县域高速公路“能通全通”工程的82个项目，已建成19个，实现了82个县市区通高速公路，通车里程达到1598公里。2019年，云南省交通运输厅正在全力推进县域高速公路“能通全通”工程，到年底将新增8个以上县通高速公路，建成通车里程690公里以上，使高速公路通车县超过90个，通车里程接近6000公里，道路交通安全的基础条件持续改善。在人、车、路这三个与道路安全相关的环节中，人的因素始终是最重要和最关键的。近年来，在交通运输部职业资格中心的关心支持下，我省交通运输职业资格工作取得了长足进步，圆满完成全国公路、水路工程试验检测专业技术人员职业资格考试等工作，认真开展公路、水路工程造价从业人员初始注册、延续注册工作，严格人员信息变更管理，完善从业人员信息库，做好公路工程造价人员继续教育工作。今天，我们和各位相聚在昆明，共同探讨职业与安全问题，深入挖掘机动车驾驶教练员职业内涵，对促进行业人才队伍健康发展有重要的意义。

昆明开放而时尚，浓缩云南的区位优势，昆明三面环山，南面滇池，滇池是云南省最大的高原湖泊，沿湖两岸风光旖旎，这里空气清新、阳光明媚、鲜花常开，希望大家在开会之余感受云南的风土人情，领略昆明的舒爽。

最后祝愿本次研讨会取得圆满成功，祝各位代表身体健康、工作顺利、全家幸福！

谢谢大家。

第三章

教练员研究成果发布

第一节　发布式盛况

第四届“机动车驾驶培训与道路交通安全国际论坛暨机动车驾驶教练员职业发展研讨会”以“职业与安全”为主题，围绕机动车驾驶教练员这一关键职业交流研究成果、发展经验。

论坛发布了由交通运输部职业资格中心组织编写和审定的《交通运输职业系列丛书——机动车驾驶教练员》《中国交通运输从业人员发展报告——机动车驾驶教练员》《机动车驾驶教练员国家职业技能标准》等研究成果。

教练员研究成果发布式现场

第二节　交通运输职业系列丛书——机动车驾驶教练员

《交通运输职业系列丛书——机动车驾驶教练员》封面

机动车驾驶教练员是安全驾驶的引路人，是指导驾驶员学习驾驶技能的启蒙老师，是保障驾驶培训质量、提高驾驶员素质的关键因素，对提升道路交通安全水平具有十分重要的意义。

截至 2019 年 6 月，我国机动车驾驶人达到 4.2 亿人。机动车驾驶教练员为满足现代社会发展和人民群众日益增长的美好生活需要，培养了大批驾驶人才，为推动国民经济发展做出了突出贡献。

为了便于社会大众在择业前全面了解机动车驾驶教练员职业，也为了帮助教练员全面、深入、系统地认识职业的意义和价值，交通运输部职业资格中心组织编写了《交通运输职业系列丛书——机动车驾驶教练员》一书。

本书是我国第一本系统介绍机动车驾驶教练员职业的图书，详细阐述了我国教练员的诞生、成长和发展历程，对于人们了解这一职业有非常重要的作用。全书从国内、国际两个维度讲述了机动车驾驶教练员的产生、演变和发展，以及对我国汽车社会发展的贡献。全书共分为五章：教练员职业的发展历程；教练员的职业特色和价值；教练员的职业环境和任务；教练员的职业能力；教练员职业发展趋势及展望。

图书用图文并茂的方式生动地介绍了教练员的职业知识、基本技能、教学能力和服务能力；强调了职业道德、职业特色和价值；从发展的角度展望了机动车驾驶教练员这一职业的发展方向。

《交通运输职业系列丛书——机动车驾驶教练员》插图

本书还选编了一些国内外的先进经验、典型案例与人物，帮助读者全面了解并理解机动车驾驶教练员这一崇高的职业。

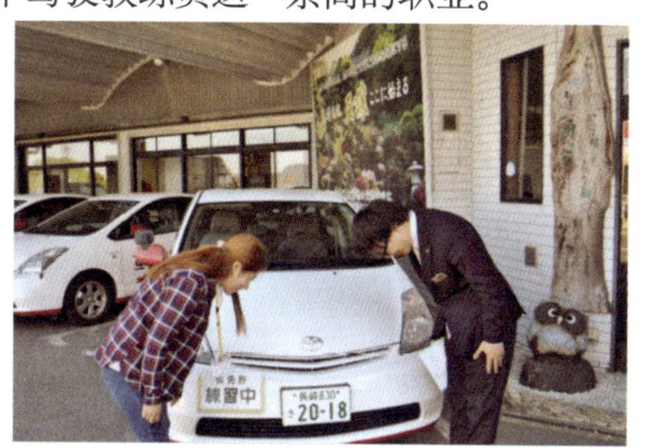

国内外先进经验介绍

情系聋哑驾驶学员 爱心成就梦想

——广西南宁教练员陆宗智

“情系聋哑驾驶学员 爱心成就梦想”，是广西南宁教练员陆宗智的情怀。2008 年陆宗智取得了机动驾驶教练员证后，就开始长达 10 余年的教练员生涯，他和聋哑驾驶学员的故事也就此拉开了序幕。

在陆宗智任教练员的第二年，驾校分配给他一位驾驶学员，并告诉他驾驶学……

典型人物

花季少女在教练场殒命的警示

2015 年 7 月 5 日，广东怀集一位 19 岁的高考文科女状元，在某驾校教练场内，被一辆突然失控乱冲的教练车撞倒后卷入车底，被前后轮碾压，身受重伤，抢救无效身亡。当时涉事教练车上除一名驾驶学员外，没有教练员随车指导。花季般的少女，一个刚刚结束高考的地方文科女状元，还没来得及圆大学之梦，就被瞬间无情地夺走了宝贵的生命。

近几年驾校场地教学事故无独有偶。2011 年 4 月 26 日，河南某驾校驾驶学员驾车在驾校练习时，因为教练员未随车指导，驾驶学员在倒车下坡的过程中，误将加速踏板当成制动踏板，致使车尾快速驶向南侧围墙，挤夹到站立在围墙边……

典型案例

第三节　中国交通运输从业人员发展报告——机动车驾驶教练员

《中国交通运输从业人员发展报告——机动车驾驶教练员》封面

交通运输部职业资格中心在对全国1000家机动车驾驶培训机构和1万余名机动车驾驶教练员进行抽样问卷调查的基础上，撰写完成了《中国交通运输从业人员发展报告——机动车驾驶教练员》。

CONTENTS

目　录

中国交通运输从业人员发展报告 机动车驾驶教练员

1　2

《中国交通运输从业人员发展报告——机动车驾驶教练员》目录

报告彩色印刷，分为机动车驾驶教练员调查概况、人力资源存量、招聘和流动状况、培训与职业晋升、薪酬与福利、工作满意度、职业健康、专业知识和能力、职业资格制度实施情况、从业状况建议共十章，总结梳理了机动车驾驶教练员队伍的发展状况，系统阐述了我国机动车驾驶教练员队伍发展中的实践经验、成果、问题及发展方向。

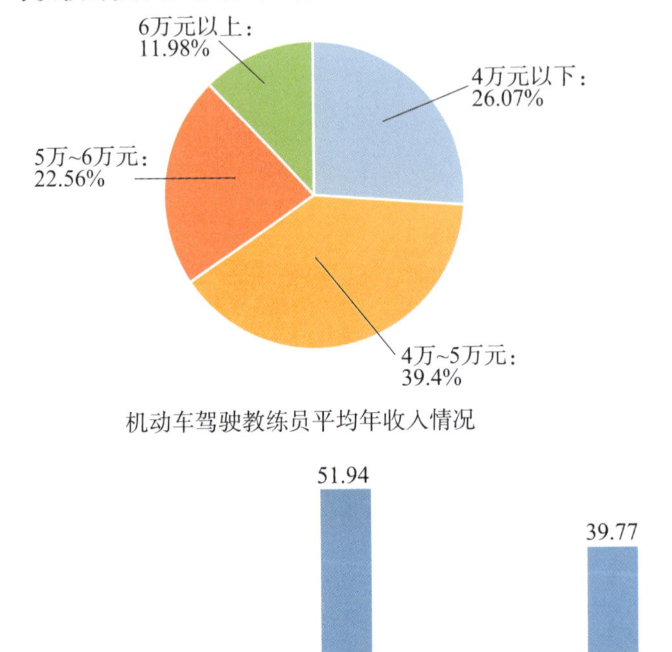

机动车驾驶教练员平均年收入情况

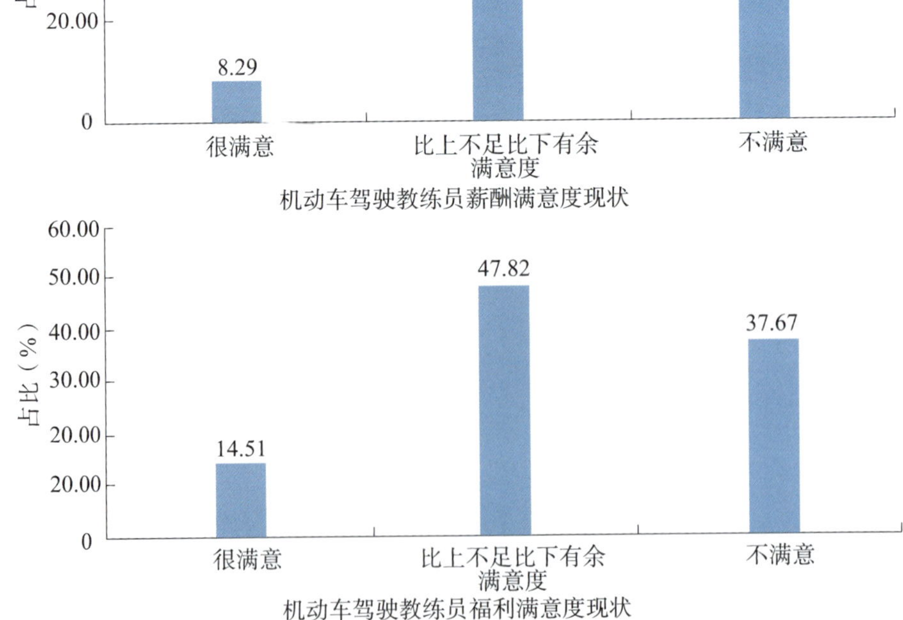

机动车驾驶教练员薪酬满意度现状

机动车驾驶教练员福利满意度现状

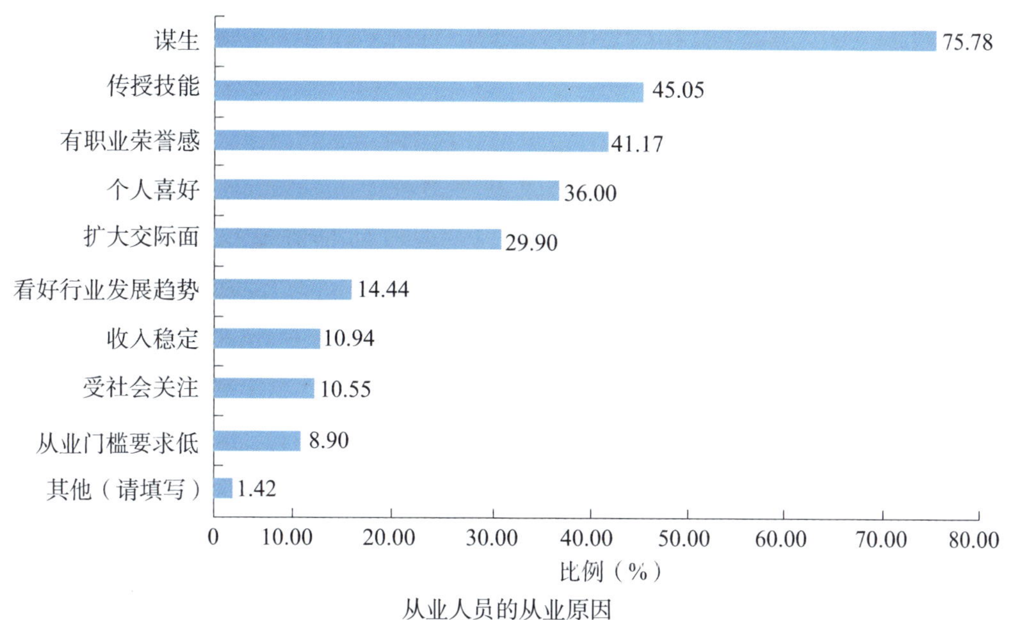

从业人员的从业原因

本报告调查了机动车驾驶教练员平均收入情况、薪资待遇满意程度、从业原因等数据，首次对相关数据予以系统分析。

报告的最后附有针对驾驶教练员和驾培机构的两个调查问卷，供读者参考借鉴。

附件 1

机动车驾驶教练员素质状况调查问卷

（教练员填写）

附件 2

机动车驾驶教练员从业状况调查问卷

（驾驶培训机构填写）

调查问卷

第四节 机动车驾驶教练员国家职业技能标准

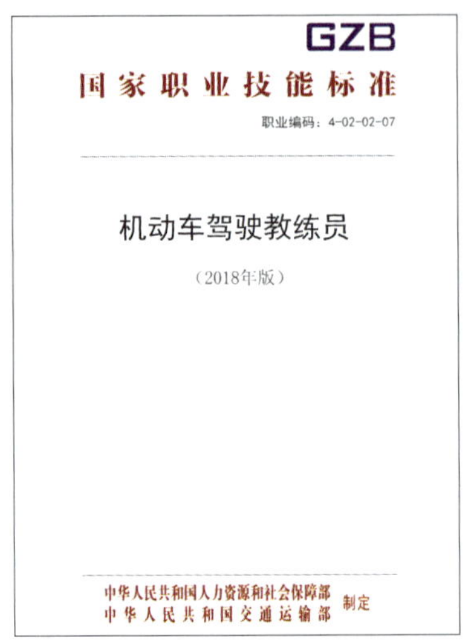
GZB
国家职业技能标准
职业编码：4-02-02-07
机动车驾驶教练员
（2018年版）
中华人民共和国人力资源和社会保障部
中华人民共和国交通运输部 制定

《机动车驾驶教练员国家职业技能标准》封面

为了进一步完善职业标准体系，为职业教育、职业培训和职业水平评价等活动提供科学、规范的依据，根据《中华人民共和国劳动法》有关规定，人力资源和社会保障部、交通运输部制定了《机动车驾驶教练员国家职业技能标准》。《机动车驾驶教练员国家职业技能标准》由交通运输部职业资格中心组织编写和审定，以《中华人民共和国职业分类大典（2015年版）》和《国家职业标准编制技术规程（2018版）》为依据，以“职业活动为导向、职业技能为核心”作为指导思想，以客观反映现阶段本职业的水平和对从业人员的要求为目标，在充分考虑经济发展、科技进步和产业结构变化对本职业影响的基础上，对职业的活动范围、工作内容、技能要求和知识水平作了明确规定。

第四章

嘉宾精彩演讲

第一节　机动车驾驶教练员职业定位与发展
——机动车驾驶教练员职业丛书介绍

王福恒
交通运输部职业资格中心公路职业资格处处长

王福恒先生在演讲

王福恒精彩演讲视频

交通运输部职业资格中心公路职业资格处处长，高级工程师，博士。

摘　要

本报告以学术成果《机动车驾驶教练员职业丛书》为基础，从职业的前生今世、职业定位、职业特色、职业价值等几方面，对机动车驾驶教练员职业进行全方位多视觉透析，意在呼吁“让职业走向世界，让职业认识自我”。引用老子“天下大事，必作于细”。希望驾培行业的参与者，齐心协力、凝心聚力，迎接新形势下的机遇和挑战。坚信不久的将来，教练员一定能够成为全社会公认的老师。

一、教练员职业丛书简介

（一）编写目的

1. 职业体系的第一本书

以往我们看到的关于教练员的书籍都是写教练员应该怎么去教学或者应该怎样去

提升个人素养。真正从职业的角度来研究教练员的，国内外都很少见，本书做了一个领先的尝试。

2. 为何要编这本书

众所周知，职业是劳动分工的产物。对于现代经济条件下社会化大生产来讲，进行职业研究是职业发展的重要组成部分，同时也是我国市场经济结构转型升级、人力资源配置优化的必然需求。我们一直在往前赶路，还一直未从内心真正重新审视、认知一下本职业。提高教练员的地位，仅仅靠我们的呼吁是不够的，需要与大家一起，对本职业进行全方位的探索和发现。

3. 让职业走向世界，让职业认识自我

本书是系列职业丛书的第一本书，我们有一个期待：一是不了解教练员的人，通过本书可以了解教练员的社会地位、职业特色和价值。教练员到底在做哪些工作，为何而做？他的职业环境是什么样，对教练员职业能够有一个正确的认知。二是教练员自身可以通过本书了解本职业的历史和底蕴，提高对教练员职业的自信。

（二）编写原则

我们遵循三个编写原则：古今中外、图文并茂和雅俗共赏。

（三）编写框架

本书的主要框架分为发展历程、职业特色和价值、职业能力、职业环境与任务、职业发展趋势及展望等五章。

二、教练员的社会地位

（一）教练员的渴望

1. 渴望了解，不要误解

在论坛开场片中有一个小女孩呼唤自己父亲的故事，故事牵动了驾培行业每一个从业者的心。我自己也有类似的经历，2013 年我在福建调研座谈时，有一个女教练员提了一个问题“咱们国家教师有教师节，什么时候教练员也能设立一个我们自己的节日？”这个问题让我深思良久，教练员的社会地位仍不尽人意。因此，教练员渴望被了解，更希望不被社会误解。

2. 提高社会地位靠谁

相比我国的全日制普通教师，教练员还没有达到全社会特别认可的程度。监管永远代替不了自律。内因不发挥作用，外因是无法起到根本性扭转作用的。驾培行业要提高自己教练员的地位，最主要的还是靠教练员和驾校自己。

3. 如何提高社会地位

从驾校的角度来讲，我们需要转变经营理念。转变驾校经营理念，实际上是转变教练员的教学服务理念。教练员是驾校的教学主体，是驾校对外的一个窗口，代表驾校的形象。因此，提高教练员社会地位需要从转变教练员的教学服务理念做起。

（二）教练员职业的发展历程

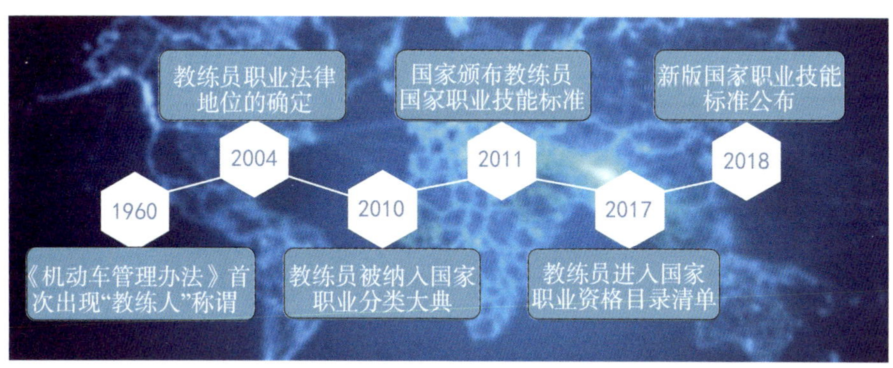

教练员的发展历程

1.“教练人”称谓的提出

1960 年，国家第一次提出“机动车教练人”称谓。1988 年，国务院发布的《中华人民共和国道路交通管理条例》也有相关提法。

2. 教练员职业法律地位的确立

道路交通安全法将教练员的法律地位明确下来，但仍不够。从国家人力资源配置、产业结构、转型升级等角度讲，还未延伸到国家人力资源体系。

3. 教练员纳入国家职业分类大典

2010 年，我中心向人社部申请教练员新职业，其雏形仍是 1960 年时的概念。2010 年，该职业被正式列入国家职业分类大典。

4. 出台教练员国家职业技能标准

2011 年，以列入国家职业分类大典为契机，机动车驾驶教练员第一本国家职业技能标准正式发布。

5. 列入国家职业资格目录清单

近几年国家简政放权，大量削减职业资格或行政许可。截止到 2016 年，全国共取消职业资格和行政许可达 70% 左右。2017 年，国家职业资格目录清单公布，交通行业原有 50 个职业，最后纳入目录清单的只有 8 个，教练员职业是其中之一。

6. 教练员国家职业技能标准修订

2013 年开始，根据驾校规范教学的需要，大批教练员开始接受机动车驾驶教练员国家职业资格认定。经过近几年的实践，一些标准内容已经不适应驾培行业的发展。2018 年，第一次修订机动车驾驶教练员国家职业技能标准。

综上，从出现教练员职业，到法律定位，再到入选职业分类大典，颁布国家标准，列入国家职业资格目录清单，直到今天的标准修订，经过了艰难曲折的道路。意味着这个职业已经被国家所认可,也意味着它的公平客观科学的人才评价体系也被国家认可，更意味着我们行业的上下共同努力取得了成效。

（三）教练员的社会地位逐步提高

研究发现，在教练员法律地位到位的情况下，其社会地位也越来越高，但离我们的期望值仍有一定的差距。

1. 收入水平不断提高

驾培市场化比较成熟的地区,受市场化驱动,教练员职业薪酬体系不断完善和提高。随着驾培市场的不断发展，教练员的总体收入一定会越来越高。

2. 当之无愧的交通安全领路人

道路交通安全事故连年下降，与教练员的努力密不可分。我国几十年来，从家庭无车，到家庭有车，再到人人有车，持证人数达到近 4 亿。支撑这一功绩的唯一职业渠道就是驾校教练员。因此，教练员在道路交通安全当中发挥的作用越来越大，称之为交通安全领路人，当之无愧。

3. 逐步得到社会的理解、认可和尊重

回顾过去，20 世纪 60 年代后相当一段时间，司机是个让人羡慕的职业。后来教练员的社会地位有所下降,但研究发现社会对教练员的认可曲线已由最低逐步开始上升，这说明社会和学员对驾校教练员开始理解和尊重。

三、教练员的职业特色和价值

我原来一直从事驾培工作，但直到研究时才发现：教练员的职业要求比教师还要高。这个结论，可能有人不以为然。下面列出教练员职业特色及全能要求，可能会改变你的看法。

（一）教练员的职业特色

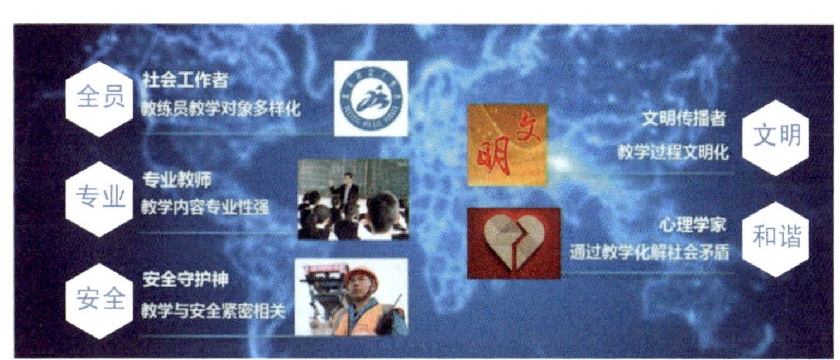

教练员的职业特色

1. 教练员是一个社会工作者

同社会工作者一样，教练员要跟方方面面的人员打交道。学员的性格特点、学历特征、个人素质千差万别。总结一个关键词，就是“全员”。

2. 教练员是一个专业教师

教练员要有很多的知识和能力，来满足实际道路交通安全的需要。比如汽车结构、驾驶专业技能、道路交通安全、法律法规等。而且要专业过硬、接地气，否则将影响安全。所以，教练员专业性非常强，总结一个关键词，就是“专业”。

3. 教练员是安全守护神

教练员培养出来的学员在驾车中与交通安全息息相关，在教学中更是与安全息息相关。总结一个关键词，就是“安全”。

4. 教练员是文明传播者

随着社会的发展，对学员的培养不再局限于专业驾驶技能，更重要的是传播文明交通理念。这需要教练员具备良好的职业道德、职业礼仪、个人素质和修养。国外一些国家做得比较好。只要有行人过马路，司机会自觉停下车，让行人先通过。我国目前还是更多的靠行政要求，而不是全民自发形成的一种意识、一种习惯。所以，教练员对于文明礼仪的传播显得尤为重要。总结一个关键词，就是“文明”。

5. 大工作负荷的承载者

教练员面临很大的压力，亟须一个和谐的工作环境。一是面对各种挑剔的学员，必须让所有学员满意，教练员承受了非常大的心理压力；二是承担着招生教学考试与薪酬挂钩的任务。没有时间限制，起早贪黑、严寒酷暑、烈日炎炎，教练员承受了非常大的生理压力；三是面对复杂甚至拥堵的交通状况，由确保安全和教学效果的双重压力下所出现的心理应激。总结一个关键词，就是“和谐”。

（二）教练员的职业价值

教练员的职业价值

尽管受很多客观因素的影响，比如家庭经济条件、能力水平等，但综合来讲，我们在选择教练员这个职业时，一定是对其有一定的认可和认知，这种认可和认知就是我们的职业价值。从价值范围来讲可以分为两种：

1. 自我价值

自我价值就是通过自己的工作和努力，通过传道授业解惑，传授给学员技能、安全文明意识，解决学员的问题，发扬自身价值，同时还能得到应有的报酬，这都是自我价值的实现。

2. 社会价值

教练员对家庭、个体的价值贡献称为自我价值，家庭、个体所构成的社会公共安全，国家整体的公众安全，是社会价值。所以，教练员为交通安全所做出的巨大贡献，让社会更和谐。

四、教练员面临的机遇和挑战

（一）风险与机遇共存

从职业的角度进行分析，教练员职业尽管非常重要，但目前的处境也是“命悬一线”。

一个驾校教练员说："现在的驾校生存越来越难，但这是一件好事，为什么？只有越专业、越优秀的驾校和教练员才真正赢得这个市场。"这说明驾培行业有风险的时候，也正是机遇到来的时候。

（二）教练员的素质要求越来越高

教练员是驾校的门面，驾校对教练员的要求会越来越高。

对教练员的要求，一是驾校市场竞争的需要。没有师资，何谈竞争？二是道路交通安全形势的需要。教练员是道路交通安全的源头。三是学员服务品质的需要。不仅要学员学会，还要学得高兴、学得开心。这就是驾培个性化、差异化需求。四是新工艺、新技术、新方法等对教练员的要求也越来越高。理论教学手段已经有两次飞跃，一次是从课堂黑板教学到多媒体教学的飞跃；现在智能教学也已登上驾培教学的舞台。

（三）国家职业资格

虽然教练员从业资格取消了，但教练员国家职业资格已经列入中国职业分类大典，也已纳入国家职业资格目录清单。相应的国家职业技能标准实施及资格评价工作正持续有序开展。从 2013 年至今大约有 20 万名教练员参加了职业资格鉴定考试，有 12 万人通过了考试并获得了国家职业资格证书。2018 年，国家出台教练员资格管理办法，明确规定教练员从考试、登记管理、继续教育、从业管理等一系列相关管理制度。随着我国驾培市场的发展，教练员职业资格制度一定会发挥重要作用。

教练员国家职业资格作用将不断强化

（四）教练员职业化教育越来越受到重视

对教练员的素质要求越来越高，但如何实现？日本有一个"艾当"驾校校长让我记忆犹新。他说“想改变一个人的思想，想让他适应我，这很难。所以我在挑教练员的时候首先要挑人品好的人”。这句话非常经典，体现了我们对教练员的要求格外高。从我国驾培行业现状看，完成这一做法还比较困难。值得欣慰的是，有些机构已经开始试点。如东方时尚驾校，与大学合作，开始把教练员纳入职业化教育。

（五）新科技对教练员职业的影响

现在科技发展日新月异，包括大数据、人工智能、无人驾驶等，无不冲击着驾培行业及教练员职业的发展。面对这些挑战，如果有充分的估计和认识，就像从传统黑板教学转向计算机、多媒体教学一样，挑战就是机遇。

最后，引用老子一句话“天下大事，必作于细”。要想攀登珠穆朗玛峰，需要我们一步一步地去实现。教练员地位的提升，需要各位驾培行业从业者齐心协力、凝心聚力、共同努力。相信不久的将来，教练员一定能够成为全社会公认的老师。

第二节　机动车驾驶教练员从业人员发展报告

贾　信
交通运输部职业资格中心

贾信精彩演讲视频

贾信先生在演讲

任职于交通运输部职业资格中心考务管理处，《机动车驾驶教练员从业人员发展报告》主编。

摘　要

本文从实际数据入手，全面系统地调研了最基层机动车驾驶教练员的工作时间、生理心理、疾病、培训、晋升、收入、福利、满意度、职业规划等生存状况，并分析了发生的原因及影响因素，从而清楚地认识到教练员职业的生存现状。对及时调整教练员职业自身发展方向，唤醒驾培行业及社会各界对教练员职业的认知，激发机动车驾驶教练员职业的活力，进一步促进驾培行业的健康发展具有重要的意义。

一、调研背景

机动车驾驶教练员是驾驶人学习道路交通安全知识、驾驶技能、驾驶礼仪和驾驶习惯的启蒙老师，是驾驶技能的传授者、交通安全意识的塑造者、文明行车理念的传播者，在驾驶培训过程中发挥着至关重要的作用。但究竟机动车驾驶教练员的从业状态如何，至今尚未有人研究和发掘。我们的调研旨在全面系统了解教练员从业人员的职业状况，以及目前该职业存在的主要问题，分析从业人员诉求，为改进和加强从业人员管理，提高从业人员满意度，增强从业人员的职业归属感和获得感，提供决策依据。

二、调研方案设计

（一）调研对象

1. 机动车驾驶培训机构。

2. 机动车驾驶教练员。

（二）调研方式

1. 问卷调研的方式。

2. 登录电脑填写。

3. 使用手机二维码填写。

（三）调研内容设计

调研按照机动车驾驶培训机构和从业人员设计了AB两套试卷，大大提高了数据的准确性。

（四）调研过程

1. 2019年1月部职业资格中心组织开展人员调研研究，布置问卷调研。

2. 问题填报期间通过微信群、电话等方式与各地持续沟通了解和通报工作进度，随时答疑解惑，保证质量。

3. 调研结束后对问卷进行了统计分析并进行汇总，撰写了调研报告。

（五）调研汇总

此次调研涉及近1000家驾培机构、上万名从业人员，在剔除重复个案及回答错误无效数据后，收回有效问卷10025份，有效数据近90万条。

三、调研成果分析

本次调研基于人力资源管理角度，以改善从业人员职业环境，提升服务水平，提高行业竞争力为立足点，分析当前我国教练员从业人员的职业状况。第一根据现有部分省份从业人员数量、分析理清从业人员的数量和质量特征。第二通过部分省份从业人员的新进率与流动率的比较，对当前和“十三五”期间从业人员供求关系状况做出分析。第三，着眼于薪酬、福利、工作满意度、职业健康、专业知识与专业意识等方面，具体分析从业人员的职业状况。最后基于分析结论兼顾驾培机构对从业人员的期望和调研对象反馈的意见建议，提出了从业状况的对策和建议。

（一）从业人员现量分析

1. 人口统计学特征调研

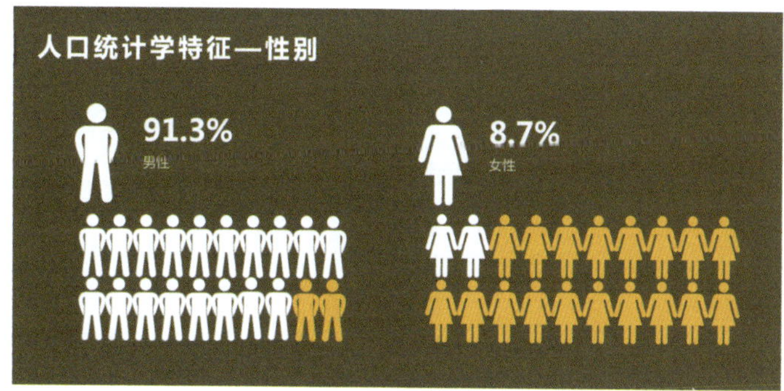

人口统计学特征－性别

通过调研发现教练员从业人员主要以男性为主，占比为91.3%，女性仅为8.7%，这主要由于教练员的特殊工作环境，以及高强度、高压力的工作性质决定。目前男性比例远高于女性，但随着教学和环境的改善，科学手段的日益进步，女性从业者面临的障碍会越来越小，预测未来女性从业者的比例会有所上升。

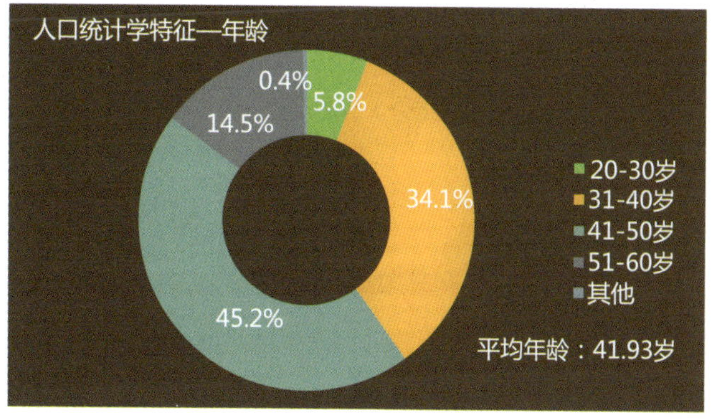

人口统计学特征－年龄

从年龄特征来看，接受调研的教练员从业人员的年龄段主要集中在31–40岁、41–50岁。教练员平均年龄为42岁，相对年龄偏高，这反映年轻人对涉足这一行业的积极性不高。

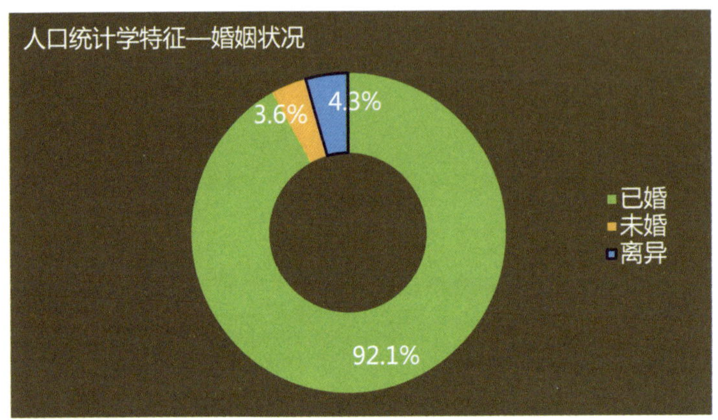

人口统计学特征–婚姻

从婚姻状况看，已婚从业人员比例远高于未婚和离异的从业人员，说明教练员绝大多数的家庭比较和谐，这与教练员这个群体近年来注重提高个人素质，以及善于与人沟通交流，善于化解矛盾的职业特征有很大的关系。

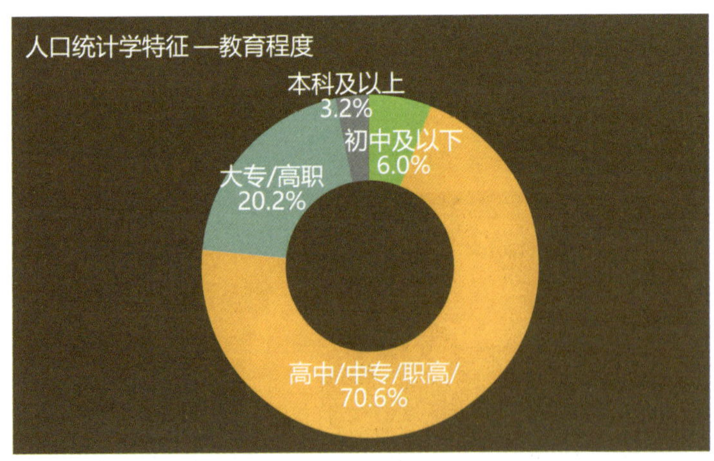

人口统计学特征–教育程度

从受教育的程度来看，初中以下为6%，中专、职高占70.6%，本科及以上的从业人员占比仅为 3.2%，说明行业整体学历总体偏低。

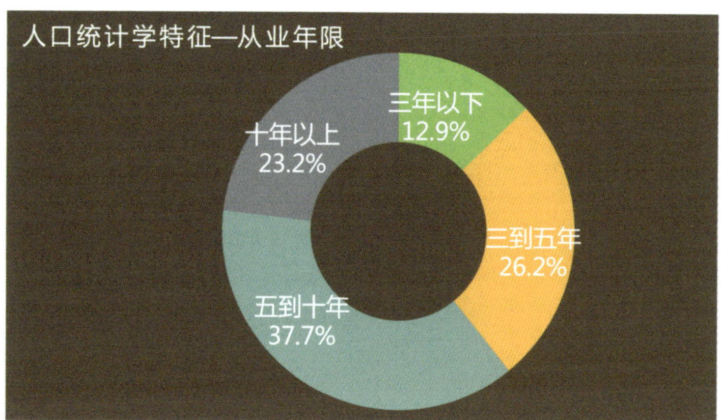

人口统计学特征 – 从业年限

从从业年限构成来看，平均从业年限为 7.18 年，通过调研得出教练员从业人员新生力量比较薄弱，年轻的新鲜血液不足，后备人才比较缺乏。

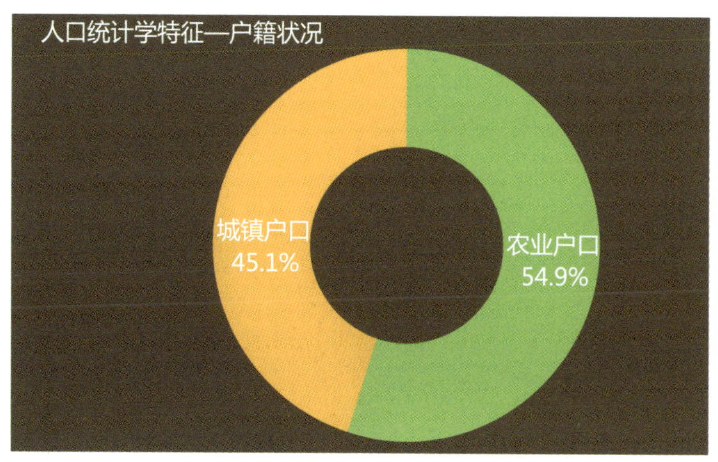

人口统计学特征 – 户籍状况

从户籍所在地来看，受调研的教练员中城镇户口和农村户口的从业人员数量相当，他们对从事教练员这一职业的认可度相当，比例比较接近。

2. 从业基本情况调研

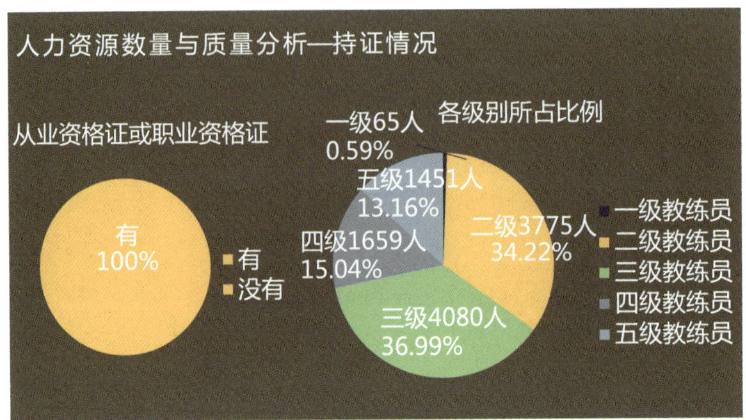

持证情况

从持证上岗情况分析，接受调研的从业人员持证上岗比例达到了100%。分析原因，2016年以前从业资格证书是上位法，是从业的基本要求。2016年以后国家取消教练员从业资格，并实施职业资格准入制度，是当前教练员持证上岗唯一认可的国家证书，因此，2016年以后新入职的教练员都取得国家职业资格证书。教练员国家职业资格分为五个等级，一级教练员人数65人，占比不到1%，二级教练员人数3775人，占比为34.22%，数据表明，不管取得国家职业资格证，还是从业资格证，我们教练员都是100%的持证上岗。

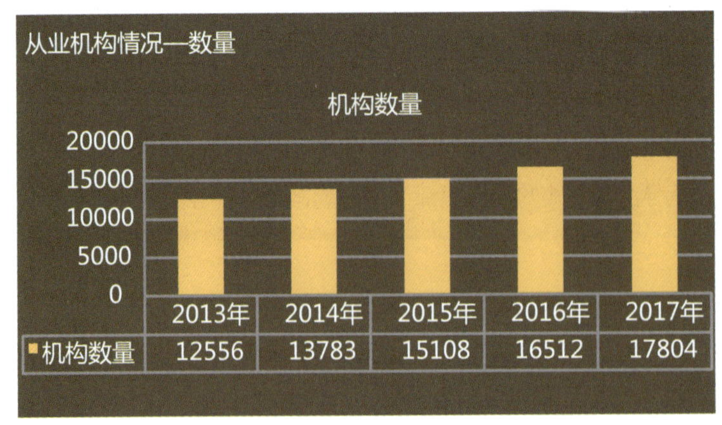

从业机构数量变化

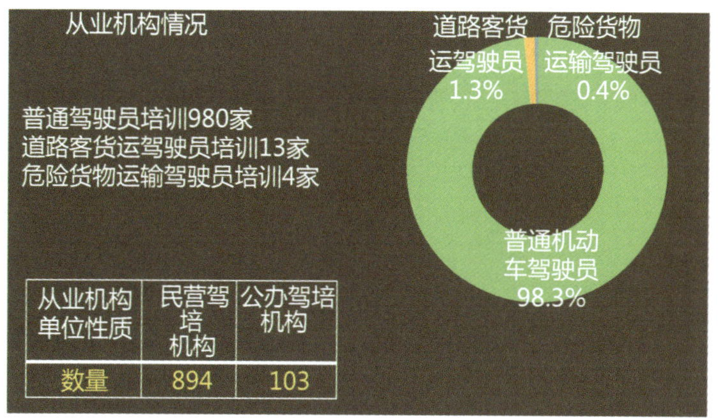

从业机构单位性质	民营驾培机构	公办驾培机构
数量	894	103

从业机构性质分类

截至2018年底，我国现有驾培机构共计1.9万余家，此次接受调研的驾培机构共997家，从培训机构性质上看，近90%的驾培机构是民营机构。从培训种类来看，从事普通驾驶人培训的机构占了绝大多数，980家驾培机构从事普通驾驶人培训，13家从事道路货运驾驶，只有4家机构从事危险货物运输驾驶人培训。通过调研说明，绝大多数驾培机构把从事普通驾驶人的培训作为主要业务，因此导致行业竞争激烈、产能严重过剩。

（二）人员供求分析

本部分主要是从业人员招聘和流动状况调研，重点内容包括目前流动的状况、流动的意向和影响人员流动的因素。

1. 人员进出供求分析

新进率和流动率是衡量从业人员招聘和流动现状的重要指标。新进率是企业每年新进人员与现有人员数量的比值。流动率是企业每年流动人员与现有人员数量的比值。

从新进人员的来源看，本行业变更服务单位占首位；应届毕业生排在第二；最后是从其他行业转行当教练员。从人员流动去向来看，本行业转入其他行业排在首位；第二是退休离岗；最后是离职和转行。

人员进出供求分析

2. 人员进出原因分析

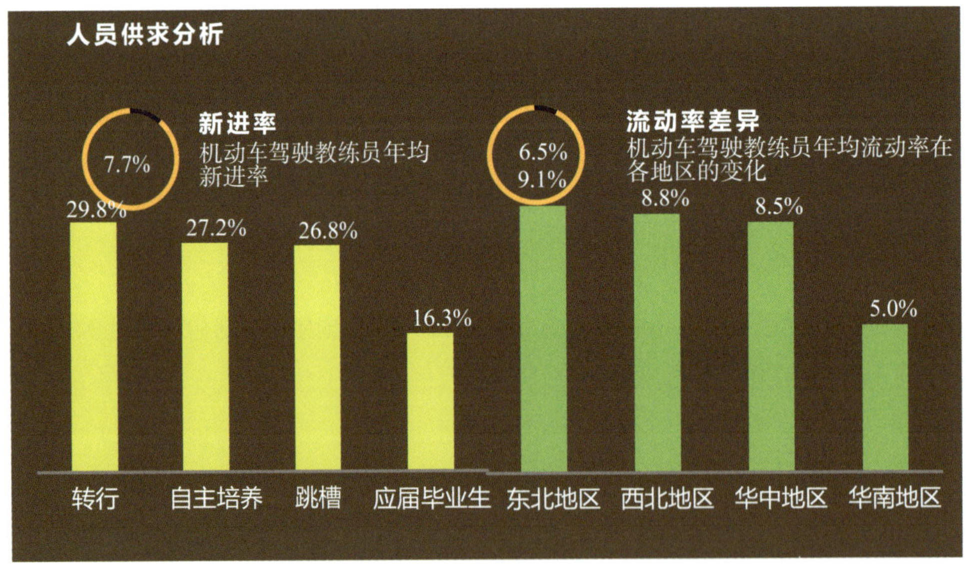

人员进出原因分析

具体来看，平均新进率是7.7%，流动率是6.5%。我们对具体的原因进行了分析，从新进率来看转行的还是最多，最后是应届毕业生。东北地区流动率是最高的，华南地区流动率是最低的，这说明华南地区整体就业环境要好于东北地区。

根据重要性，对从业人员流动影响因素进行排序。在新进率方面，大多数驾培机构不存在招工难问题，主要因为该职业就业门槛低、从业人员基数庞大以及驾培市场相对饱和，分析少数招工难的主要原因，首先是行业不景气，招生困难，导致教练员待遇随着降低。其次是行业竞争激烈，相互压价，培训学费太低，企业利润薄弱，从而导致从业人员的薪酬降低。最后是从业人员的工作压力大，劳动强度大，安全责任大。

流动率方面，我们统计后发现驾校留不住人的主要原因是收入低、待遇不够好；其次是工作压力大，安全风险大；最后是有其他的工作机会。

（三）培训与职业晋升

1. 教练员培训调研

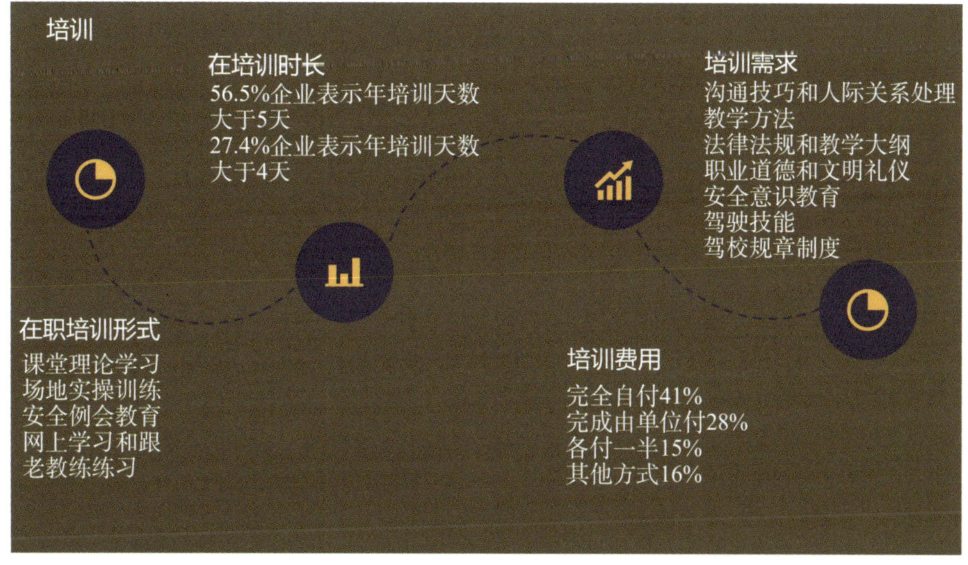

教练员培训调研

目前驾培机构对教练员培训形式以课堂理论学习、场地实操训练和安全例会教育为主。网上学习和跟老教练练习的方式相对比重小一些。在培训时长上，56.5% 的企业平均培训天数大于 5 天，27.4% 的企业年培训天数大于 4 天。在培训费用上，自付比例达到 41%，这是比较高的，这也影响从业人员参加培训的积极性。从培训需求上来看，沟通技巧和人际关系处理超过知识和技能的培训，排在第一位。关于教学方法和法律法规、教学大纲的培训需求也是行业急需的。

2. 教练员晋升调研

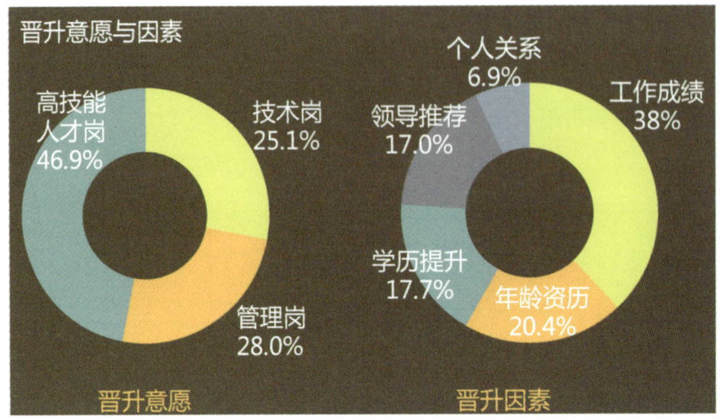

教练员晋升调研

晋升因素包括工作成绩、领导推荐、年龄资历、个人关系、学历提升等，绝大多数受访者倾向于高技能人才岗位，虽然高技能人才岗位在前期工资薪酬较低，但随着职业等级的提升，后期的工资补贴会接近管理岗位。

（四）薪酬与福利

由于各地区经济发展水平和物价水平有一定的差距，因此薪酬与福利水平也存在着一定的差异。

1. 教练员收入调研

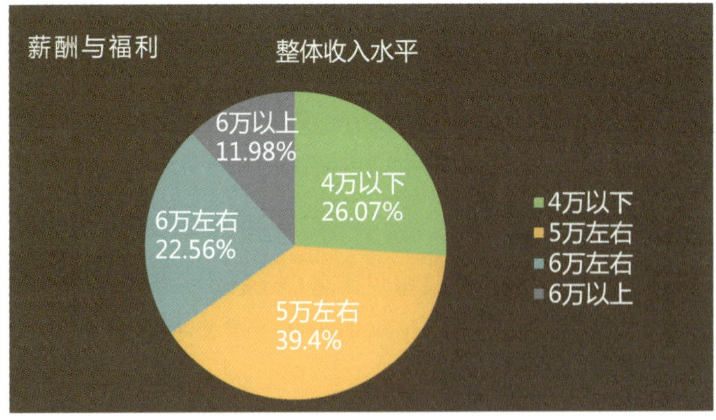

教练员收入调研

从整体收入水平来看，接受调研的从业人员税后年平均收入分为四个区间，年平均收入为 4 万元以下的占比为 26%，年平均收入为 5 万元的占比为 39.4%，年平均收入为 6 万元的占比为 22.56%，年平均收入 6 万元以上的占比为 11.98%。与不同技能从业人员对比后发现，教练员的年平均收入处于中等水平，总体呈现逐年上升的趋势。

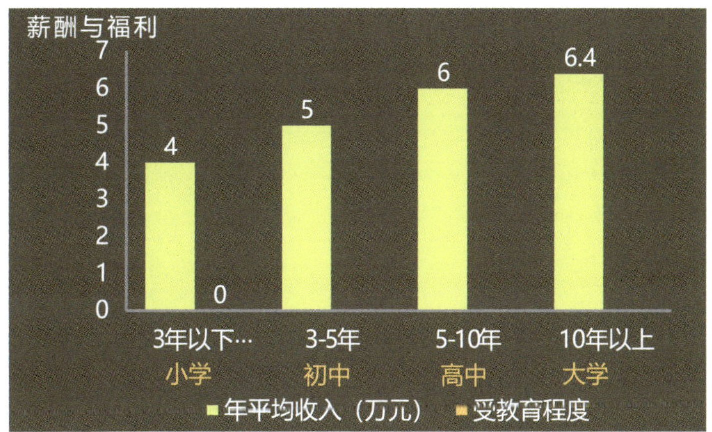

教练员年收入与从业年限、学历关系调研

从薪酬水平与从业时间对比来看，从业年限不同其平均年收入也不同。从业年限在 3 年以下的，平均年收入 4 万元左右，从业 3–4 年的，年平均收入 5 万元左右，从业 5–10 年的，年平均收入 6 万元以上，从业 10 年以上的，收入基本维持在 6.4 万元。从受教育程度对比，结果比较接近，小学以下学历平均年收入是 4 万元，初中、高中、大学依次上升。

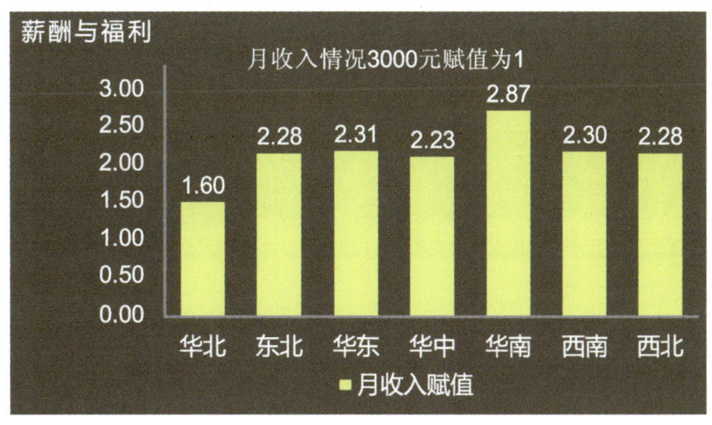

教练员不同地区月收入调研

从不同区域的月收入情况来看。在上图中，我们将3000元赋值为1。教练员收入最高的是华南地区，3000元乘以2.87就是每个教练员拿到手的工资数。最低的是华北地区。

2. 福利待遇

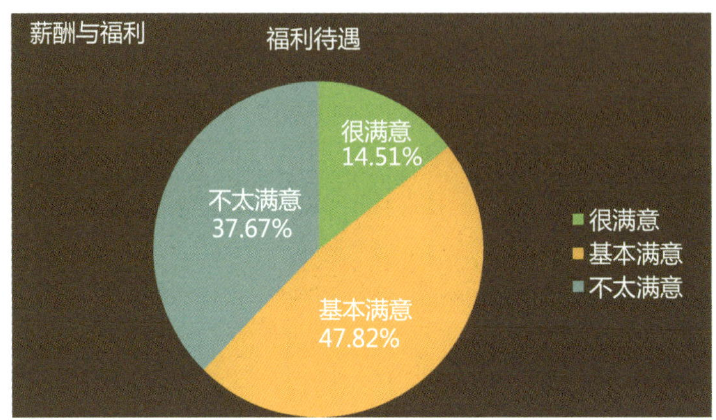

教练员收入满意度调研

从福利待遇来看，47.82%的从业人员基本满意现有的福利，37.67%不太满意现有福利。

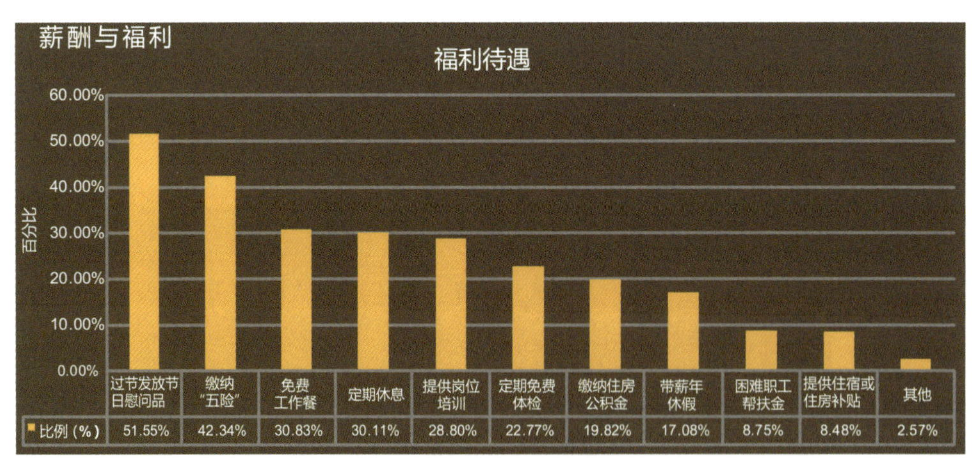

教练员待遇整体调研

从福利待遇表现上看，教练员享受最多的福利是过节发放节日慰问品和缴纳五险。最少的待遇是住房和住宿补贴、职工帮扶金。此外，在享受定期休假和提供免费餐的福利上没有表示出明显的优势。

（五）满意度和影响因素分析

1. 教练员满意度调研分析

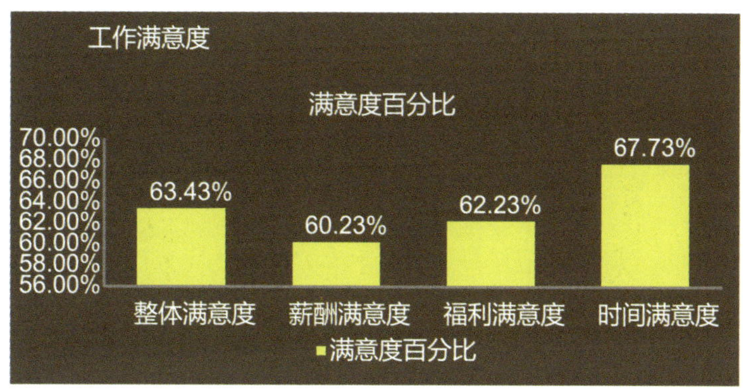

教练员满意度调研

驾培行业从业人员整体满意度占比为63.43%，表明其整体满意度水平高，达到从业人员的基本满意水平薪酬满意度占比为60.23%,表明其对薪酬水平倾向于基本满意。福利满意度占比为62.23%，表明其对福利水平感受明显。工作时间和休息时间满意度占比为67.73%，表明多数从业人员休息时间上能够给予保障。

2. 教练员满意度影响因素调研分析

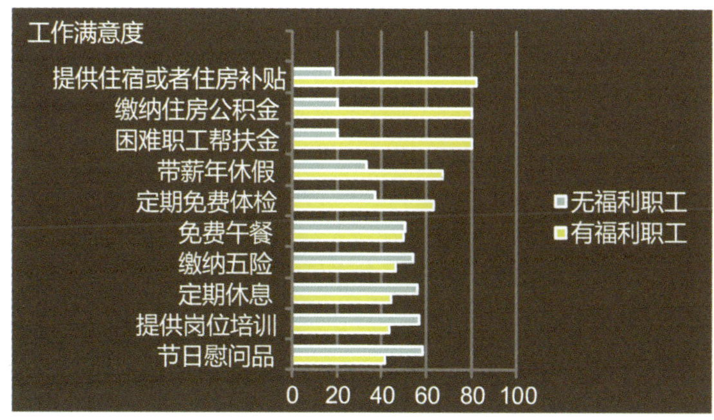

教练员满意度影响因素调研

驾校提供住房或者住房补贴，缴纳住房公积金，以及设置困难职工帮扶金能有效提高机动车驾驶教练员的工作满意度。

（六）职业健康

1. 工作时间调研

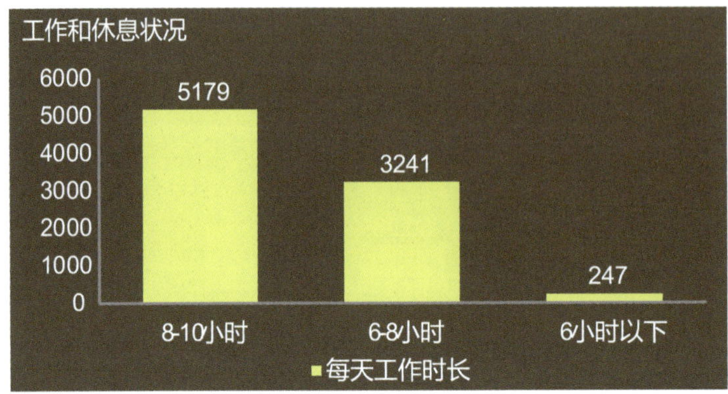

教练员工作时间调研

根据调研数据分析，全行业教练员每月工作时间普遍偏高，平均日工作时间远高于每日 8 小时的标准工时，表明教练员的工作任务较多，教练员承受着巨大的工作压力和劳动强度。

2. 工作时长差异

从区域差异来看，从业人员工作时间较长的是东北地区，工作时间最短的是华南地区，华南地区平均工作时间少于 6 个小时。

3. 工作压力调研

造成教练员工作压力的原因有多方面，80% 以上的教练员认为工作压力大，或者工作压力较大，只有极少数教练员认为没有什么工作压力。

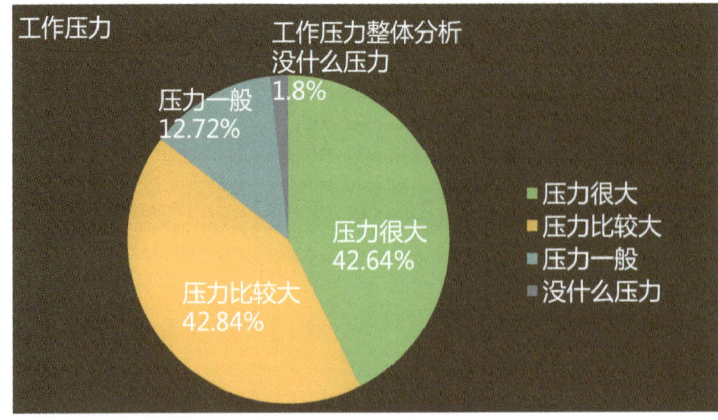

教练员工作压力整体分析

工作压力

主要表现	第一	第二	第三	第四
工作安全风险大，责任重	8782	1235	1542	1674
精神高度紧张	6802	4652	2929	1611
工作特点导致职业病	6550	2654	4428	3305
劳动强度大，休息不足	5701	5141	5143	1873
不好打交道，容易被投诉	3775	2546	2250	1791
工作空间狭小，工作环境压抑	3275	4628	3453	3731
发生事故或纠纷相关权益得不到保障	2772	2561	1313	1517
其他	511	256	241	531

教练员压力因素分析

具体分析原因，接受调研的11000多名教练员中，有8782名把“工作安全风险大、责任重”列为首要因素。其次是“精神高度紧张”，因为学员的素质参差不齐，学习不认真，导致工作中突发状况多，因此教练员的精神都高度紧张。

4. 职业病

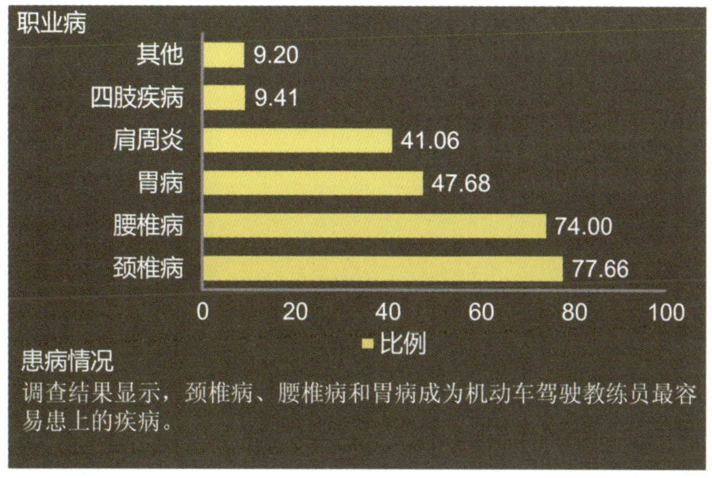

教练员职业病调研

调研结果显示，接受调研的教练员中患有颈椎病的最多，腰椎病其次，胃病第三。还有四肢疾病、高血压、肩周炎、前列腺等疾病，这都是教练员的职业特征造成的。比如长期采用坐姿、生活饮食不规律、喝水少等。

四、专业知识能力和职业资格制度实施情况

（一）专业知识能力

1. 教练员技术含量调研

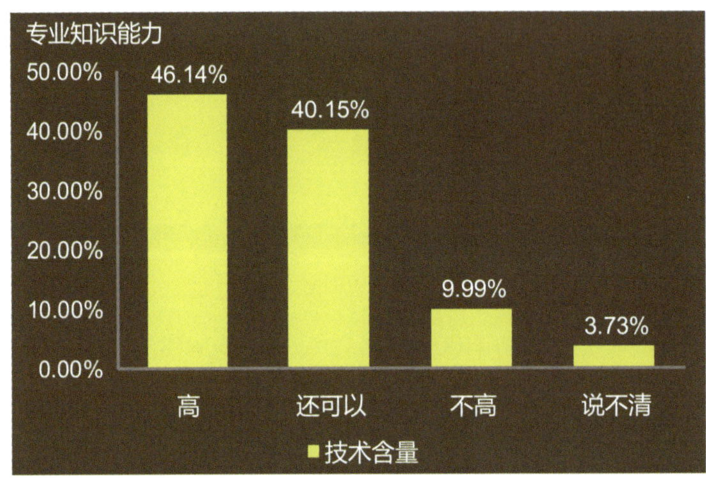

教练员技术含量调研

接受调研的教练员认为职业技术含量高的占比 46.14%，认为教练员工作技术含量还可以的占比 40.15%，还有 3.73% 的人说不清。

2. 教练员专业知识调研

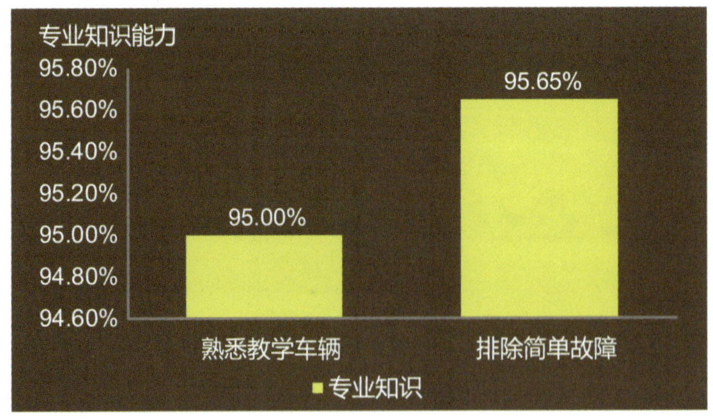

教练员专业知识调研

接受调研的教练员对教学车辆整体熟悉程度达到完全熟悉的占比为 95%，说明教练员对教学车辆都非常熟悉。有 95.65% 的教练员可以对教练车进行简单的故障排除。

3. 教练员教学知识调研

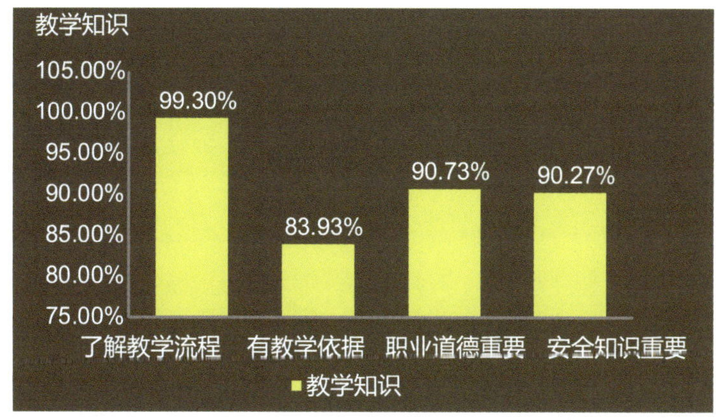

教练员教学知识调研

接受调研的教练员对教学流程的掌握程度普遍比较高，达到 99% 以上。在教学过程中依据教学计划和教学大纲的占比为 83.93%，认为职业道德和安全知识最为重要的教练员分别占比为 90.73% 和 90.27%。

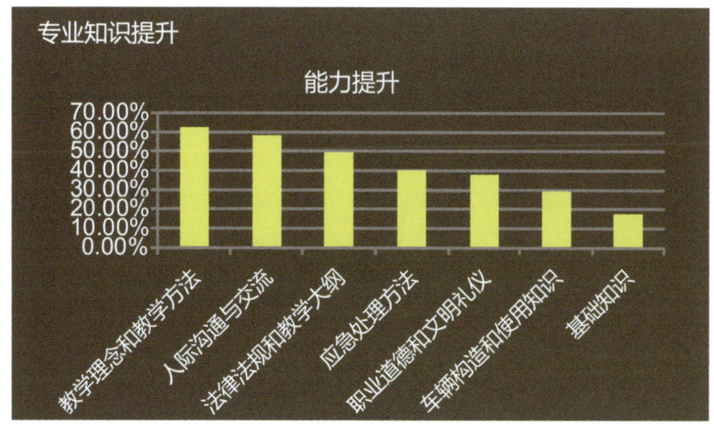

教练员能力提升调研

4. 教练员教学能力及主要问题调研

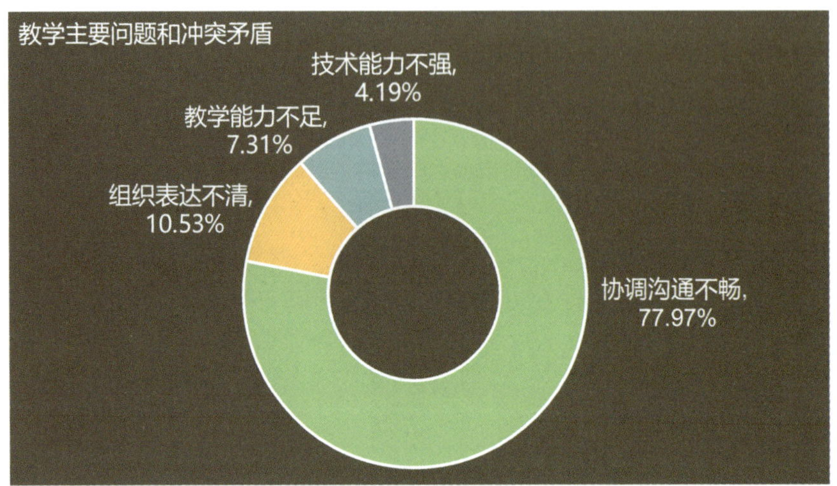

教练员主要问题调研

接受调研的教练员在教学过程中存在的主要问题是教练员协调沟通不畅，占比77.97%，其次是组织表达不清，占比为10.53%。

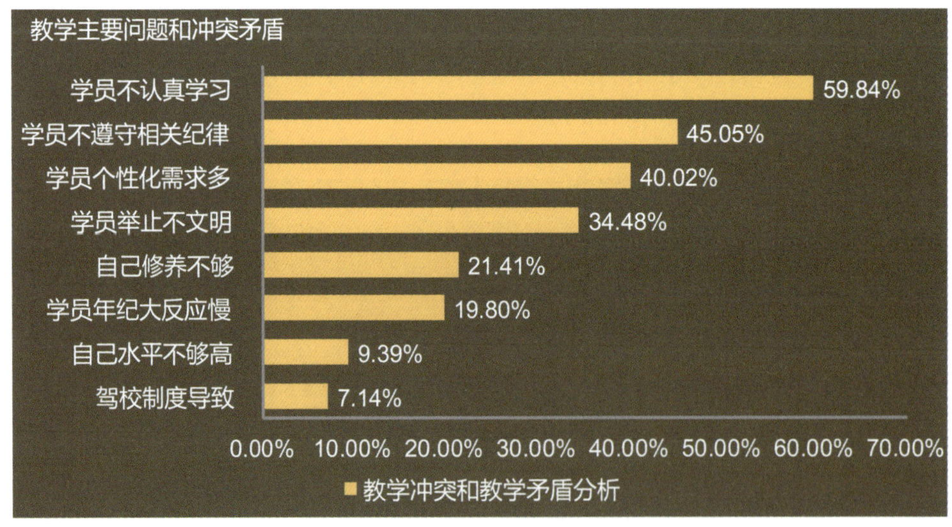

教练员教学问题调研

在教学过程中与学员发生冲突的主要原因，“学员学习不认真”占比59.84%。和学员发生冲突和矛盾时，绝大多数教练员能控制自身情绪，并采取有效的方式化解矛盾，但也有少数教练员选择沉默不语或者要求驾校介入解决矛盾。

5. 教练员职业资格制度调研

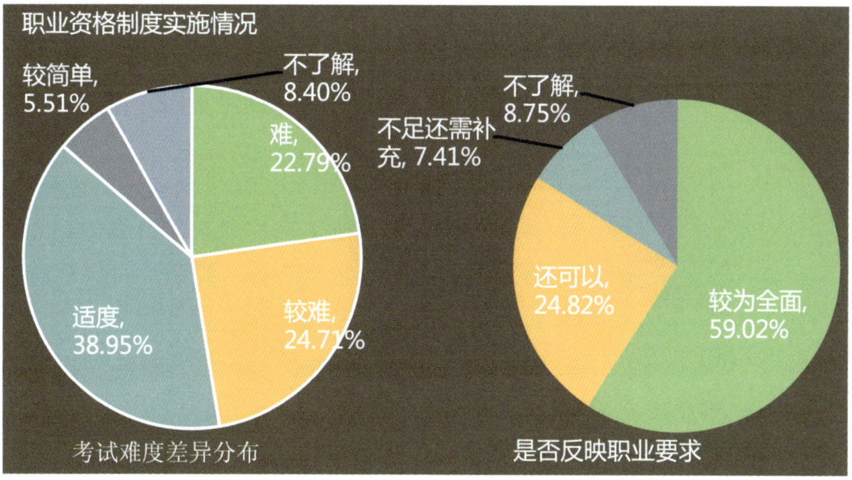

教练员职业资格制度调研

在职业资格制度实施方面，认为职业资格考试适中的占比较高，占比 38.95%，认为比较难的占比 22.79%，认为比较简单的占比 5.5%。

数据表明，机动车驾驶教练员资格制度的核心影响力正在加大。我们要好好利用制度抓手，进一步发挥其在行业管理、队伍建设中的作用。教练员职业资格制度也是驾培机构选人和用人的重要指标，相信会得到越来越多从业人员的认同和认可。

五、建议

通过本次调研，教练员从业人员提出了三条颇为集中的建议：

第一，完善行业管理制度，加强对从业人员的监管；

第二，加强对从业人员职业资格证书和培训的相关要求，进一步提升从业人员的素质；

第三，改善从业人员的工作环境，提高从业人员相关待遇。

第三节　职业素养与交通安全

闫文辉
东方时尚驾驶学校股份有限公司总经理

闫文辉先生在演讲

闫文辉先生作为东方时尚驾驶学校的主要领导者，从事驾培行业二十余载，积极推进我国交通安全素质教育工作，重视学员"安全驾驶、文明出行"意识的培养。倡导和推动智能驾培、绿色驾培，将VR技术应用在驾驶培训中，提高了科技含量，将积累的宝贵经营管理经验分享给同行业。

摘　要

本文以素养、职业素养、交通安全素养三大关联为基础，分析了我国道路交通安全意识现状，揭示了教育是才是我国国民交通意识淡薄的根源。以此为根本，从三个方面探索了职业素养与交通安全的关系。最后认为只有高素质的教练员培养和营造全社会共治共享格局才能进一步激活交通安全教育的原点。

一、素养的含义

（一）素养与职业素养

素养，我们将它理解为素质与修养，是通过平日的修习所养成的良好习惯。在古代汉语中，“素养”一词在许多场合表达着人们通常理解的“道德、素质、涵养与培养”这一概念。例如，《汉书·李寻传》中“马不伏历，不可以趋道；士不素养，不可以重国。”陆游《上殿札子》中“气不素养，临事惶遽”。说明素养可以通过学习、训练达到修身养性的目的。

职业素养是指在职场上通过长时间地学习——改变——形成的过程，最后养成习惯的一种综合素质，是人在社会活动中需要遵守的行为规范。职业素养包括三大核心内容：职业信念和道德、职业知识技能、职业行为习惯。信念可以调整，技能可以提升，若想让道德信念、良好的技能发挥作用就需要不断练习直至成为习惯。

（二）交通安全素养

交通安全素养是人的交通安全意识、交通安全观念、交通安全知识、交通安全技能和交通安全行为习惯的总和。

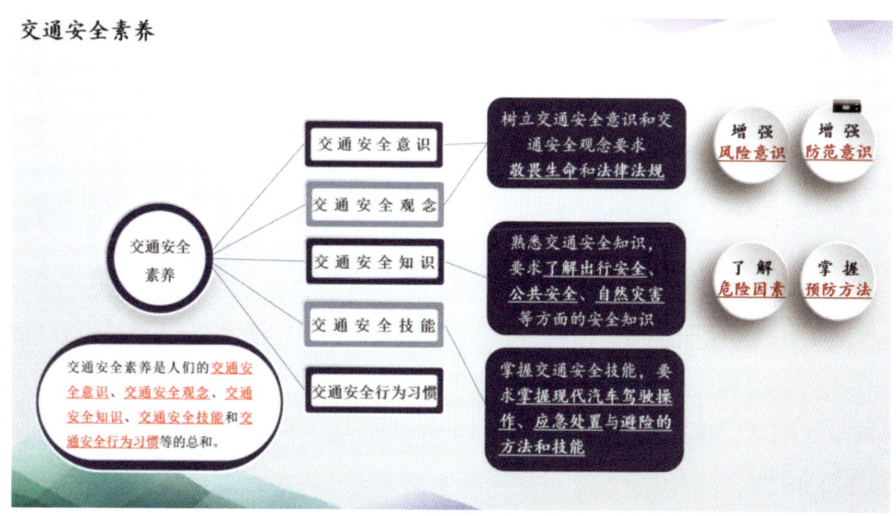

交通安全素养的构成

树立交通安全意识和交通安全观念，要求敬畏生命和法律法规，增强风险意识、防范意识；熟悉交通安全知识，要求了解出行安全、公共安全、自然灾害等方面的安全知识，了解危险因素及预防方法；掌握交通安全技能，要求掌握现代汽车驾驶操作、应急处置与避险的方法和技能。交通安全素养还与人们的心理应变能力、承受适应能力和道德行为规范及交通文明约束能力等相关。

二、国民交通安全意识的现状

（一）道路交通安全意识现状

我们来思考这样一个问题：交通事故是万分之一？还是就在身边？

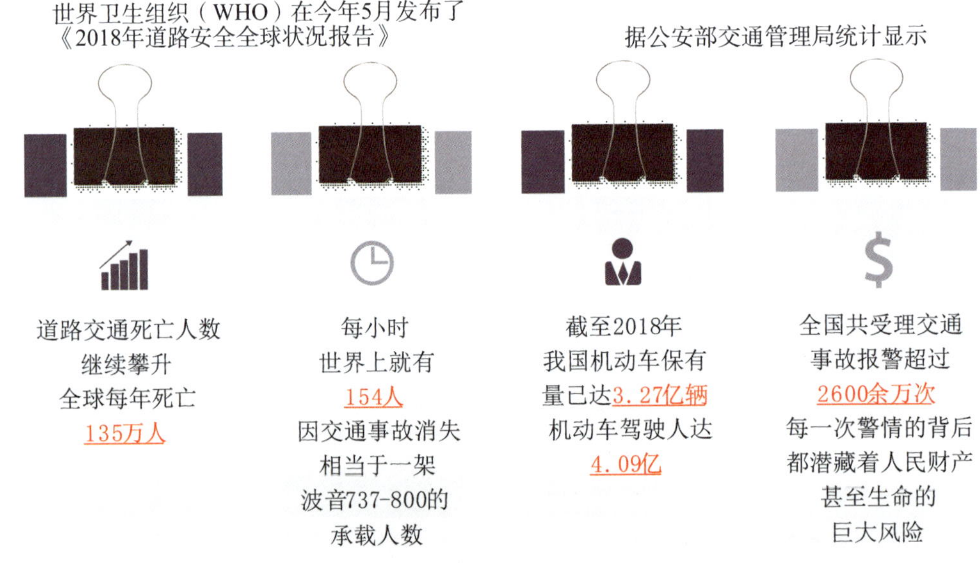

交通事故是万分之一？还是就在身边？

世界卫生组织（WHO）在2019年5月发布了《2018年道路安全全球状况报告》。报告指出道路交通死亡人数继续攀升，全球每年死亡135万人，每小时世界上就有154人因交通事故消失，相当于一架波音737-800的承载人数。据公安部交通管理局统计显示，截至2018年，我国机动车保有量已达3.27亿辆，机动车驾驶人数量达4.09亿人，全国共受理交通事故报警超过2600余万次，每一次警情的背后都潜藏着人民财产甚至生命的巨大风险。

《分心驾驶篇》　《酒驾篇》　《疲劳驾驶篇》

《超速篇》　《闯红灯篇》

国民交通安全宣传片

东方时尚驾校在 2016 年与公安部道路交通安全研究中心共同拍摄了五部国民交通安全宣传片。宣传片通过还原真实惨烈的交通事故，引发人们对于自身驾驶行为的深入思考。截至目前，此系列宣传片的累计播放量已经超过数亿次，其中的《分心驾驶篇》在国际获奖。

我们已经知道哪些干预措施是行之有效的，强有力的政策和执行、科学的道路设计以及广泛的公众宣传能够在未来几十年里拯救数以百万计的生命。但事实上，交通安全问题远未得到应有的关注。造成道路交通事故的原因复杂，涉及人、车、路、环境和管理等诸多因素。

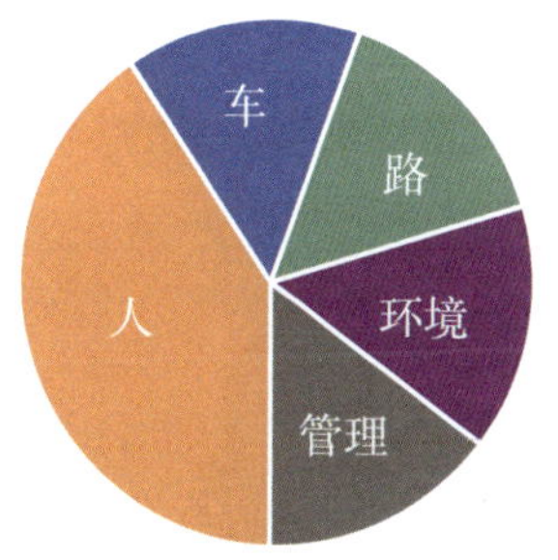

造成道路交通事故的原因

研究表明，95% 以上的交通事故因驾驶人交通违法行为导致，不经意的几秒钟就足以改变人的一生。事故之殇和文明之失不断提醒着我们，道路交通事故已经成为当今社会第一公害。人们普遍认为“交通事故是小概率、低频次事件，与已无关”，驾驶人缺乏危机意识，漠视法律法规，在驾驶中存在侥幸心理，驾驶人的驾驶态度及对交通事故的错误认知是道路交通安全问题的元凶之一。

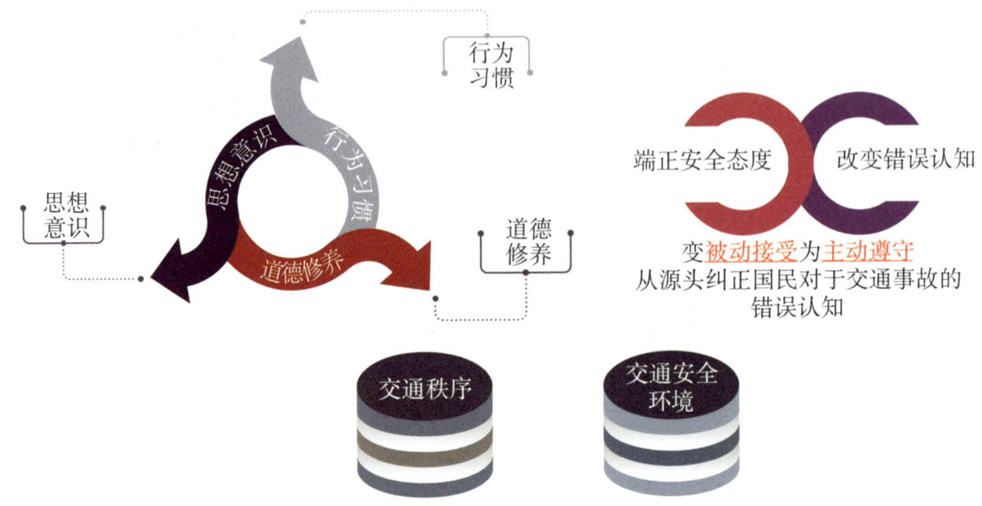

通过培训实践不断提升交通安全素养

因此，通过培训实践不断提升国民交通安全素养，使人们在思想意识、行为习惯及道德修养层面完成角色转换，端正安全态度、改变错误认知、变被动接受为主动遵守，将从源头纠正国民对于交通事故的错误认知，成为改善交通秩序和交通安全环境的重要支撑。

（二）教育是国民交通安全意识淡薄的根源

随着国民生活水平的提高，掌握驾驶技能已经从职业需求转化成了中国人的基本生活技能。我国目前每年稳定新增驾驶人 2500 万人，这一数字甚至已经超过某些国家人口的总和。规范、高效、现代化的驾驶学校已成为一个城市必不可少的标准配置，对提升城市的人口素质有着至关重要的意义。

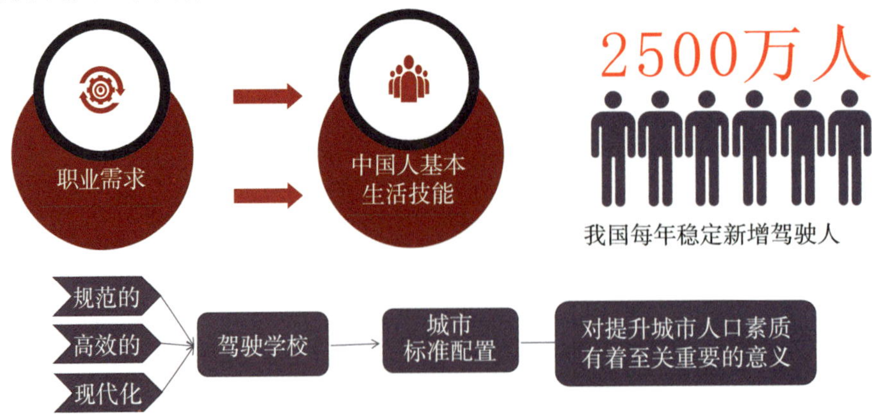

教育是国民交通意识淡薄的根源

根据最高人民法院2018年3月发布的《机动车交通事故责任纠纷案件报告》显示，在机动车交通事故发生的原因中，排名前三的分别为无证驾驶、酒后驾车和开车玩手机，这三种违法行为直指驾驶人交通安全素养的缺失。

根据最高人民法院2018年3月发布的
《机动车交通事故责任纠纷案件报告》显示

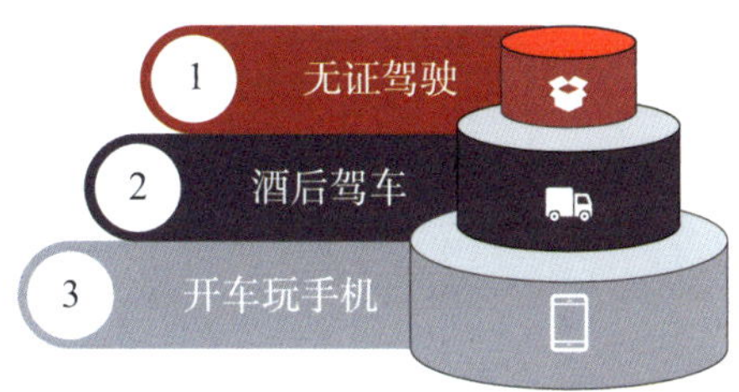

在机动车交通事故发生的原因中
排名前三的分别为
无证驾驶
酒后驾车
开车玩手机
这三种违法行为直指
驾驶人交通安全素养的缺失

三大事故原因

再如母亲拉着孩子想要横穿马路，没想到被孩子硬拽回了路口处。我们似乎看到孩子的交通安全意识比家长强，但是现实生活中，对于儿童交通安全意识的教育还是有缺失的。由此，我们不禁想到以下几点：

1. 儿童交通安全教育

我国的儿童交通安全教育开展相对滞后，由于青少年儿童交通安全教育的内容未纳入义务教育体系，交通安全教育未以制度形式固化，其教育覆盖面仍偏小，受重视程度不足，教育效果未达到预期。

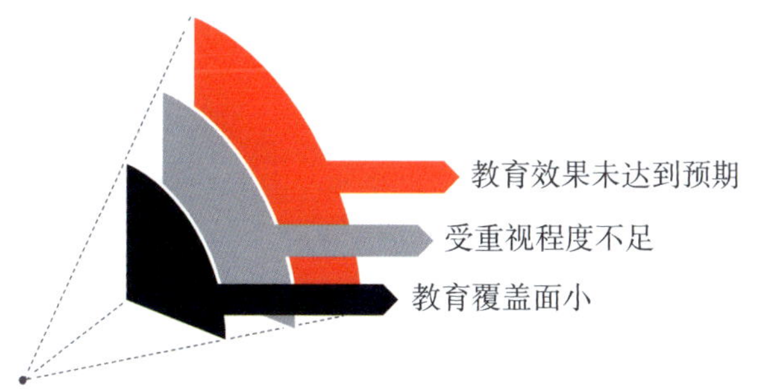

儿童交通安全教育的三大问题

反观我们的邻国，韩国在义务制教育中都会讲授道路交通安全知识，例如在小学阶段会设置约51个小时的义务交通安全教育时间，其中至少有10个小时需要父母陪同参加，教育孩子的同时也对其父母进行再教育。

2. 新驾驶人培训

目前，学习驾驶是我国国民唯一一次能够系统接受交通安全及文明出行培训的机会。但不可否认的是，驾培行业内仍存在着经营不规范、培训质量及水平参差不齐、从业者缺乏职业素养等问题。应试教学现象仍很普遍，培训与实际驾驶脱节，缺乏敬畏生命、敬畏法律的意识。如“路急、路怒、路霸”等现象，我们常希望通过事后持久的宣传教育解决问题，其实，这种冲突与矛盾是驾驶人缺乏素养的表现，应早在驾驶培训期间就制定有针对性的解决方案，从源头最大限度地消除此类安全隐患。

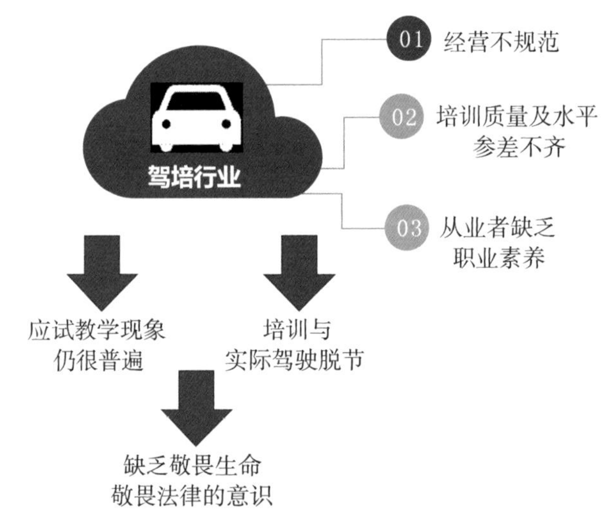

驾培行业存在的问题

3. 交通安全再教育

我国驾驶人“一考定终身”的思想普遍，缺少驾驶技能掌握后的实时学习和强化，国民终身交通安全教育体系缺乏，交通安全再教育多局限于违法驾驶人和职业驾驶人，交通安全“回炉”教育培训未形成规范和标准，受众面较小，未达到教育目的。交通安全的再教育应充分考虑各类交通参与者的实际特点，利用科技化手段进行有针对性的安全文明意识的提升及驾驶操作动作的规范，从而让“老司机”、非机动车驾驶人及行人认识到其交通行为及驾驶操作与自身安全的直接关系，通过持续性的教育培训避免“万分之一”的可能性发生。

每一个因交通事故而死亡的事件都是不可承受之重，宣传教育永远是交通文明建设中极其重要的一环，建立全生命周期的交通安全教育体系，将会造就更多高素养的交通参与者。

三、职业素养与交通安全的关系

驾驶人是道路交通的直接参与者，驾驶人培训机构是向社会输送合格驾驶人的源头。我国的驾驶人培训正逐步走向规范，但目前仍然普遍的存在交通安全意识薄弱、社会公德意识欠缺、规范驾驶操作能力、应急处置能力与危险辨别能力不足等问题，其关键点就在于机动车驾驶教练员。

（一）机动车驾驶教练员职业特点

教练员是新驾驶人驾驶意识和驾驶技能的“启蒙者”，也是安全文明参与交通的“引路人”，区别于其他专业性教育，其职业还具有承担重大社会责任、教学过程存在一定风险性、施教要求依法规范、受教群体复杂多样等特点。俗话说：“教育者必先受教育”，结合教练员的职业特点，如何真正为人们系好交通安全的“第一粒扣子”，不断引导交通文明朝着正确的方向前进，这就要求教练员必须具备良好的交通安全素养和职业素养，也是做好驾驶培训工作的前提和必要条件。

（二）职业素养直接影响合格驾驶人的输出

有研究表明，习惯的养成需要 21 天，驾驶培训的周期完全可以让驾驶人养成良好的习惯，学习阶段驾驶的习惯养成将对于新驾驶人日后的驾驶行为产生深远的影响。试想，如在学习驾驶阶段未能树立正确的交通安全意识和交通安全观念，未能理解和熟练掌握交通安全知识及技能，未养成交通安全行为习惯，这些将在新驾驶人日后的生活中埋下巨大的安全隐患，可以说就是“草菅人命”。

美国亚利桑那州高速公路事故现场

2016 年 7 月，来自中国的一家四口驾驶面包车自驾游，在美国亚利桑那州高速公路上与橄榄球队的宣传巴士相撞，发生事故。事故调查确定，南向行驶的面包车未能在停车标识前停车让行，在左转时被巴士撞到，面包车上的 4 人因重伤当场死亡，巴士上没有人受伤。此案中，中国自驾者开车左转时，没有在停车标志前停车，未遵守交通规则，最后连赔偿金都拿不到。

（三）合格的教练员才能培养合格的驾驶人

1. 教练员应具备的意识

机动车驾驶教练员首先应树立牢固的交通安全意识，拥有正确的交通安全观念，敬畏生命和法律法规，具备风险、防范意识和科学意识。以此为前提的驾驶培训教学才能让新驾驶人成为守法、安全、文明的交通参与者，而不是培养暗藏隐患的“马路杀手”。

2. 教练员应掌握的知识和技能

合格的机动车驾驶教练员应掌握并更新交通安全知识和技能储备熟悉出行安全、公共安全、自然灾害及危险因素等方面的安全知识，掌握现代汽车驾驶操作，了解应急处置与避险的方法和技能。正确看待教练员职业，并不是“老司机”就是“好教练”，合格的教练员应遵守驾驶培训机构的规章，通过入职前、后的持续性学习，提升沟通交流能力，改变不良行为习惯及错误认知，明确所肩负的重大社会责任，严谨、清廉执教。

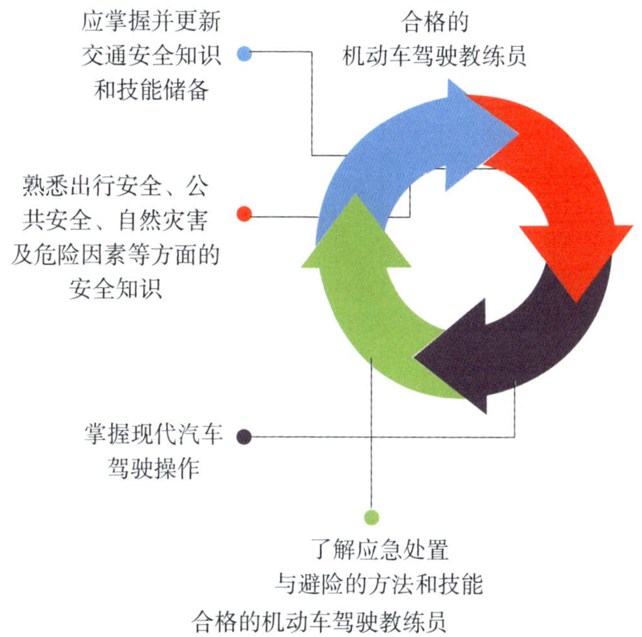

合格的机动车驾驶教练员

3. 教练员言传身教的教导效果

学习驾驶只是阶段性的教育培训经历，如何让交通参与者在漫长的岁月中主动约束自身行为，持续进行文明交通实践，做到守法、安全、文明和预见性驾驶，这就要求教练员以身作则，言传身教，引导式教学与指导性教学相结合，不断夯实学员的安全出行理念，强化安全文明驾驶操作，从而使新驾驶人养成良好的交通行为习惯。

四、激活交通安全教育的原点

交通安全的根源问题在于意识，意识的养成在于持续性的教育培训，教练员则是交通安全教育的原点，关乎交通文明建设的前进方向。安全出行的根源是任何规定都无法取代的素养，法律让驾驶人在其威慑下不敢违法，教育的目标是让驾驶人养成良好素养，形成行为习惯，主观上不想违法。如果将素养定义为行动，教练员就应在学员脑海中绘制一幅更为生动的图景，告诉他们不断提升交通安全素养要如何想、如何做、如何感受。

激活交通安全教育的原点

（一）高素养教练员的培养

1. 强化教练员队伍建设

提高教练员的从业准入门槛，自招聘开始提升教练员专业化水平，注重知识、技能、沟通技巧和态度在内的综合素质。加强教学过程监管，规范教学行为，以学员满意度为指标让学员参与监督，形成良性机制。在行业内联合建立教练员黑名单，与行业主管部门共同完善教练员退出机制，对“吃、拿、卡、要”、培训造假等违法违规行为及时处理，提升教练员对驾驶培训行业的敬畏与认同。

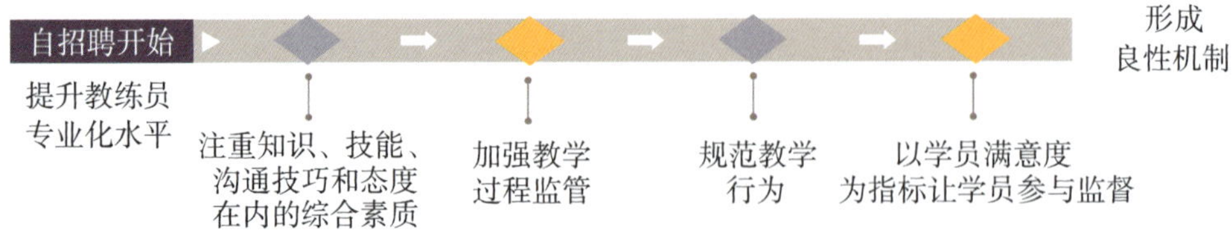

提高教练员的从业准入门槛

2. 创造良好职业环境

建议管理部门，严格教练员的从业资格管理，继续推进将机动车驾驶教练员培养纳入职业教育体系提升其职业地位和社会认可。完善教练员继续教育制度及考评机制，规范组织教学竞赛、技能比武和教学交流等活动，自上而下组织“教练员素质提升工程”，全面提升教练员的综合素养。提供舒适的工作环境，让教练员拥有明确的职业发展方向，充分实现其人生价值。

（二）营造全社会共治共享格局

进一步树立素质教育的理念，强化育者自育的责任，营造和巩固共治共享的格局。联合政府部门、行业企业、社会团体、媒体媒介等社会力量，关注道路交通安全和交通安全素养，形成“交通事故就在身边”的正确观念，切实提升国民交通安全素养，改变道路交通安全现状。

营造全社会共治共享格局

1. 坚定不移推行交通安全素质教育

重视学员的法律意识、安全意识和规范操作意识的养成，在培训过程中，注重法律讲解、交通文明的宣讲及交通常识的普及，科学升级网络授课模式，以科技化的手段吸引更多学员回归课堂，接受系统的交通安全知识培训。

2. 发挥交通安全宣传教育基地的最大效能

在新驾驶人学习理论课程之前，组织在安全教育基地进行不少于1学时的交通安全教育，在学习之初树立起对生命及法律法规的敬畏之心，正确认识驾驶行为，将个人的安全驾驶操作与自身和他人的生命财产安全紧密联系在一起。

交通安全宣传教育基地

3. 理论应结合实践，利用新技术提高驾驶行为干预能力

互联网和新技术影响驾驶生活，在科技迅猛发展的今天，开车早已经不是“技术活”。在这一关键时期，我们更有必要利用多种手段将安全和文明意识融入整个教学和驾驶培训过程之中，搭建安全素养养成计划体系，注重以科技化手段辅助交通安全宣传教育及教学，在日常训练、复杂路况及突发情况模拟训练中潜移默化引导驾驶人形成良好驾驶行为习惯，提升安全素养，保障生命安全。

4. 将交通安全素养提升工作纳入义务教育

增强驾驶人再教育，重视并检验培训效果，增加防御性驾驶课程的培训，提升驾驶操控技能和紧急情况处置能力。动员全社会广泛宣传，让交通安全素养提升工作服务于国民生命的全周期。

通过前几届国际论坛的举办，我们很欣喜地看到各地同行业已逐渐开始关注驾驶培训的不足之处并尝试提升我们的素养，也十分期待在改变中能够看到积极的成效。

提升素养是源头一步，但不是唯一的一步。交通环境的改善需要多维度的共同努力，激活交通安全的原点，以点成线，以线带面，以提升素养为支撑，从源头纠正人们对于“交通事故是小概率、低频次事件，与己无关”的错误认知，牢固树立守法、安全、文明出行的意识，让素养真正保障安全，为我国交通安全素质教育工作及建设交通强国打下坚实的基础。

第四节　利用科技将驾校教练置于教育的中心

弗拉维安·勒朗迪（法国）
法国Ornikar驾校管理合伙人

弗拉维安·勒朗迪精彩演讲视频

弗拉维安·勒朗迪先生在演讲

法国Ornikar驾校的管理合伙人，五年来，一直致力于法国、西班牙和德国的驾培市场创新。其所在驾校是欧洲第一所也是唯一一所符合国际驾驶人教育标准并为教练员进行持续质量监控和在职培训的驾校。弗拉维安·勒朗迪将自己定义为移动教育的参与者，并将驾驶教练员的继续教育作为核心发展战略。

摘　要

本文从2013年之前的法国驾培体系，到2013年后的欧盟版驾培体系，再到目前比较成熟的法国改良版驾培体系的演化过程入手，介绍了法国驾驶培训的改革及演变。在驾培创新的同时，同步提出了法国驾驶教练员的职业教育体系，实现了教练员从“如何教驾驶”到“如何教导安全驾驶”的转变。

Ornikar 是法国第一家线上驾校，我们追求的不是考试通过率，而是把交通安全理念和驾驶技术结合在一起，降低交通事故数量和伤亡人数。

Ornikar 驾校创建于五年前，当时法国的驾培行业发展非常不好，驾校大部分精力关注的是考试通过率，教练员职业的地位没有得到充分的体现和肯定。Ornikar 驾校旨在解决以上两个问题。

一、法国驾驶培训的改革及演变

（一）法国旧式驾培体系

2013年以前，经过20多年的发展，法国的驾培体系基本包含了4个递进的层次：第一，成为一名合法的驾驶人；第二，懂得车辆的基本知识；第三，可以识别驾驶中的危险情况；第四，从心理上认识到作为一名驾驶人的责任。

2013 年之前的法国驾培体系

法国旧式驾培体系的根本问题在于对交通风险和交通安全意识的关注度还远远不够。未能将交通事故伤亡率和驾驶培训联系在一起。在这个培训模式下依然不能够减少交通事故数和事故造成的伤亡人数。

（二）欧盟驾培体系

为此，欧盟很多国家聚集在一起，在法国旧式驾培体系的基础上提出了一个新的驾培体系。对驾校的教练员更加严格、考试难度更大。

这种新式驾培体系共有5个层次：第一和第二个对应的就是以前大纲中的一些项目，三、四、五这三个层次是完全创新的，也更难。第三个是驾驶环境对驾驶人的影响；第四个是自身的性格对驾驶行为的影响；第五个是社会环境对一个驾驶人的压力和影响，比如家庭成员有汽车从业背景，是否会对驾驶行为造成影响。

新式驾培体系中，还应叠加三个学习模式。这三个模式分别是知识与技能、风险认知和自我评价。我们把这五个层次和三个模式结合在一起形成的一个矩阵，称为最终欧盟版驾培体系，或称为 GDE 体系。

这个框架体系非常系统全面，但在实际培训过程中很难将它们付诸实践。所以，我们需要利用线上的资源来实现它，真正将这个模式付诸实践。

		知识与技能	风险认知	自我评价
5	社会环境	文化、法律、社会规范、群体价值观	寻求社会认同会影响驾驶人的行为	个人对这些因素是否敏感
4	自身性格	生活方式、年龄、群体、动机、自控能力、个人价值观	追求刺激、不遵循群体价值观、社会压力大、喜好饮酒	是否有冒险倾向、是否具备自控能力、是否具有安全意识
3	驾驶环境	出行时间、出行目的地、其他交通参与者对自己的影响	酒驾、疲劳驾驶、早晚高峰拥堵、开斗气车	是否具有规划出行的能力、是否具有预防突发状况的能力
2	交通规则	熟悉交通规则、观察路况、遵循正确行驶路径	违反交通规则、超速、分心驾驶	是否知道并遵守规则
1	车辆操控	控制车辆方向和位置、了解车辆基本知识	不能合理掌控车辆、不能正确处理复杂路况	是否具备车辆操控能力

细化后的欧盟驾培体系

（三）欧盟版驾培体系在法国的应用

法国驾培体系经历了 20 年的变迁，正在逐步建立和成熟。我们将欧盟版驾培体系回归到法国继续改革和探索，衍生出一个新的驾培体系，或称为 REMC 体系。该体系不仅给我们提出了驾培的发展方向，也提供了一个非常详细的教练员能力认知清单。REMC 体系的目标是培训安全负责任的驾驶人。

REMC 体系分四个层次：首先是责任感，即交通安全意识；其次是掌握加速踏板和制动踏板等操纵件的基本驾驶操作；第三是成为一个能上路的驾驶人；第四是驾驶中能观察周围环境，识别并处理交通风险。

关于对 REMC 体系中能力的理解，主要有三个方面。第一，能力与目标是两回事。学员在学习过程中不断增长技能点，然后形成能力。如打转向盘的目标是使汽车转向到某一个位置，但遇障碍时，驾驶人就需要具备一定的能力处理问题并达到原定的目标。通过考试并不是最终目标，最终目标是拥有能力。第二，要区分实际能力和考试能力。实际能力是我们生活永远要用的，而考试能力是指我们在考试的时候需要展现出来的能力。第三，个体能力和群体能力相互影响。我们把个体能力置于社会当中，如果车上有很多人，乘客、车外人群的互动是否会影响驾驶行为。

（四）REMC 体系详解

REMC 体系的每一种能力都会在欧盟 GDE 体系中有所体现，如下图所示。

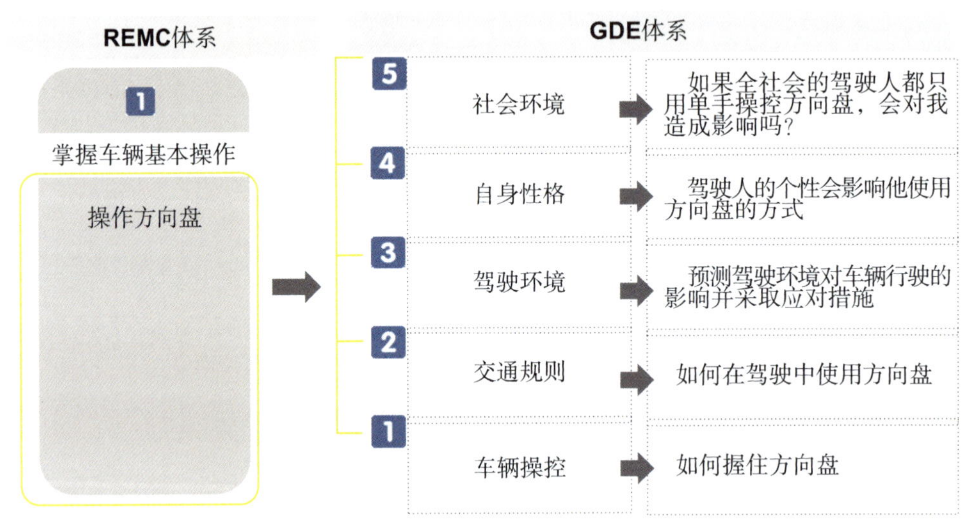

每个 REMC 技能都必须与 5 个 GDE 层次相关联

以操作转向盘为例，第一个层次就是知道如何手握转向盘。然后进入到第二个层次，在车辆运行过程中如何操作转向盘。第三个层次是在驾驶环境操作转向盘。车并不是最重要的，重要的是人的行为。如遇涉水、行人等情况时如何操纵转向盘。第四个层次是自身的性格会不会影响开车过程中的行为。最后一个层次是社会环境对驾驶人的影响。

（五）促进考试改革

我们的培训目标是让人们学会思考上文所提及的这些问题，让他们自我评价自己的行为，让学员们认识到自己的驾驶行为会对社会安全造成重要影响。教练员的工作是一件非常高尚的职业，它关乎自由，关乎安全。欧盟 GDE 体系和法国 REMC 体系并不仅仅是一个驾培体系，更是促进了考试改革。

法国有两项考试：一个是理论考试，一个是实操考试。我们希望能够通过考试体现出 GDE 体系和 REMC 体系所需的能力，能够让人们安全驾驶。目前，考试的标准已随着新体系的应用而有所提高。

（六）驾驶人“回炉”教育

REMC 体系和 GDE 体系都提出了“跟踪教育”计划。就是要跟踪驾驶人在取得驾驶资格后的驾驶行为和并对他进行继续教育，驾驶人在获得驾照一年之后可以重新回到驾校再学习 7 个小时的交通法规知识，这样能够有效降低事故数目和事故伤亡率。法国驾驶实习期是指在法国取得驾照之后会有三年的驾驶过渡期。驾驶人通过进行跟踪教育，可以缩减实习期的时间。我们目标是每个人每年至少接受一小时的跟踪教育。

二、法国驾驶教练员职业培训

（一）解决教练员职业培训的四个关键问题

法国驾驶教练员职业教育项目是根据欧盟 GDE 体系建立起来的，其专业资格在 2010 年由欧盟进行了审查。教练员职业教育有四个关键点：首先，让驾驶教练员在任何交通情况下提倡正确的驾驶行为和态度。第二，因材施教。根据不同学员的性格选择不同的教育方式，使教学方式适应学生的个性，有利于主动学习，这也是 GDE 体系的核心。第三，理论结合实际。如果我们想要培养可靠驾驶人，应长期对教练员进行理论与实践继续教育。设置理论与实际驾驶技能相结合的教学方法，能减少冒险行为。第四，提高危险意识。提高驾驶人判断风险的能力，这也是驾校教练的重要责任之一。

（二）教练员培训程序

之所以要创造这样一个新的驾驶教练员培训项目,在于驾驶教练员是驾培的核心。如果没有好的驾驶教练员，就没有办法教授好的学员，道路交通的死亡率和伤亡率还会升高。该项目具体包含两个方面：一是教授驾驶人如何驾驶，有 652 小时的训练和 140 小时的实习期。二是培养安全意识，有 239 小时的训练和 140 小时的实习期。

（三）预期目标

该项目预期有三个结果：第一，通过这个项目得到的资格证会比以前的更有说服力，价值更高。以此推动社会对驾校教练员价值的认可，提升职业含金量。第二，可以给驾驶教练员带来一个更高的工资水平。第三，可以提升教学质量。Ornikar 公司让驾校教练员工作时间更加灵活、收入更高、有更好的教学环境、有技术上的不断进步，最终把教练员的持续教学能力培养置于核心地位。创造了一个更加全面、认可度更高的教练员队伍。

三、法国驾驶教练员继续教育

（一）用数据进行教学纠偏

在法国驾驶教练员继续教育中，大数据和人工智能的应用功不可没。通过数据，可以及时监测到驾驶教练员的教学与 GDE 体系有何偏差。也可以在教学之后给出一定的教学建议，改进教学方法。

（二）教练员教学评价

同时，我们也建立了一个教练员教学评分体系。在每一课之后学员要给教练打分。可以评价教练员是否有提高学员综合能力的观察意识等。

（三）线上与线下持续培训

教练员继续教育培训包括定期在线培训和面对面培训。对教练员进行持续的教育，告诉他们如何进一步改进教学方法。参加继续教育可以帮助教练员在职业生涯中不断进步，让教练员的工作更有价值。

第五节　保护教练员的心理健康　提升教练员的职业荣誉感

卡尔·F·比蒂（美国）
美国加州驾校校长

卡尔·F·比蒂精彩演讲视频

卡尔·F·比蒂先生在演讲

美国加州驾校校长，拥有35年专业驾驶教练员职业管理经验。自1984年以来，他一直致力于改善驾驶教练员的职业形象和职业前景。他以教授驾驶为基础，帮助驾驶人及教练员实现人生价值。

摘　要

本文以自身感悟和实际经历为切入点，从职业心理健康角度出发，提出了职业教练员成功的六个关键因素，同时给出了选择教练员职业的理由和成为优秀职业教练员的诀窍。卡尔·F·比蒂先生的从业初始背景与我国教练员职业现状有着极高的相似度。他分享的经验，对我国教练员职业的发展具有较大的参考价值。

一、安全驾驶及培训的几点感悟

（一）驾照只是驾驶人的合法证明

本人持有驾照 50 年，从事驾培行业 35 年。但我成为一名合格的驾驶人的过程并不是特别顺利。我 16 岁那年考取了驾照，直到 3 年之后才有自信安全驾驶。当时我意识到：拿到驾照只能证明我可以合法驾驶，仅此而已。这说明驾校只是为了应试而教学，由此可能造成巨大的道路交通安全隐患。做好驾校教练员的前提就是要成为一名合格驾驶人，因为这关乎生命安全，而不仅仅是通过一场考试。

（二）安全掌握在自己手中

当我们准备驾驶的时候，无论是作为一名驾校教练员去教学或作为驾驶人日常驾车，我们的生命安全就彻底掌握在自己的手中。同时掌握在我们手中的还有我们所爱的人，还有我们希望帮助的人。

（三）分心驾驶是马路杀手

在美国加利福尼亚州，驾驶时使用手机属于违法行为，这种行为叫作分心驾驶。同样恶劣的还有酒驾和毒驾，但分心驾驶是道路交通致死的第一大凶手。我们在驾驶的时候很有可能会处理邮件、发短信、打电话，注意力全然被这些小设备引走，但它们对于我们的生命来说实在不值一提。比尔·盖茨曾在 35 年前或者 40 年前的时候说过：人们在地球上行走，就像僵尸一样，他们手中的屏幕照亮着他们的脸。我认为这就是我们未来的样子，我们可能在路上不小心撞到别人，很有可能是因为我们都只顾着盯着手机屏幕，而忽略了周围的交通安全，这确实值得我们深思。

（四）我思故我在

亨利·福特曾经说，不管你认为你做得到还是做不到，你都是对的。在驾驶教学中，能否达到自己的目标，取决于我们自己。你若认为你可以，你将真的可以；你若认为你不行，你将真的不行。

（五）结果导向

你可以通过果实认出一棵树，而通过树叶认出一棵树不太容易。我们在工作中付出的努力，最终要通过成果来检验，这就是结果导向。

（六）实现双赢

教练员要把自己的驾驶技能无私地传授给学员，帮助他们成为合格的驾驶人。在教育学员的时候，教练员也在不断吸收新知识来实现自我提升。

（七）因材施教

我们要意识到，人和人是不同的，我有两个女儿，大女儿一点都不想开车，但小女儿对开车就驾轻就熟，学得非常快。驾校教练和学员一样，人人各不相同。作为专业的驾校教练，我们必须要拓宽各项技能，才能够应对不同的情况，采取不同的措施，因材施教。

二、教练员职业成功的六大关键

（一）良好的沟通能力

我直到 30 岁的时候才成为一名不错的驾校教练，要达到这个目标，我接受了许多教育，获得了心理学和英语语言的学位，同时要学会与人相处。我有二十年的推销员工作经历，我挨家挨户地去推销厨具，正是这份经历为我积累了经验，让我能驾轻就熟地与人沟通。

（二）培养有效的教学技巧

根据学员素质的不同，制定不同的教学方法，循序渐进。当然，永远要把交通安全意识放在首位。

（三）建立结果导向的学员动机

即让学员告诉你：对培训有什么样的期待？他们希望课程结束时能够有什么样的收获？并以此为目标。

（四）自尊

教练员能够掌控训练的节奏，能够有信心负责学员的安全。

（五）自信

自信是正面结果和正面的反馈。如果你能够取得成功，你的自信就会增长。我有一名同事谈到过用考试通过率来评估结果，我认为这只是结果的一部分，最重要的要成为一名安全驾驶的驾驶人。

（六）树立权威形象

教练员应该树立一个权威的形象，我当驾校教练的时候一般都会戴着领带，这也是我表达对教练员职业尊重的一种方式。

三、为何选择教练员职业

（一）待遇丰厚、精神愉悦的职业

刚入门时，教练员职业与其他职业相比报酬更高。但我认为更重要的是保障教练员们的心理健康，教练员工作能够让他们在心理上有获得感。你教过很多学员，总是有些学员会记得住你。我有一个学员，大概二三十年前教过的，现在他还记得我，这让我感到非常欣慰。

（二）责任重大，关乎安全的职业

教练员是一份责任重大的职业。在你教学的每一刻，学员的安全，社会的安全，还有教练员自己的安全，都与教练员息息相关。当学员走出驾校之后，他们会成为社会交通的一分子，会持续影响道路交通安全。

四、如何成为优秀的职业教练员

（一）让学员开心

第一印象很重要。教练员和学员待在一起的前 30 分钟，是整个课程中最重要的时段，也是教练员被学员评估是否是一个专业人士的关键时间。教练员不允许使用粗俗的语言，必须永远记住：赞美将胜过挖苦！建立了良好的第一印象，就意味着成功了一半。

教练员要尊重学员的学车时间，准时来上课、态度要端正。在教学时全身心地投入到学员的身上。在他们学车的过程中，尽可能培养他们成为一个安全的合格驾驶人。

（二）讲道德

既然是教师，就应当遵守师德。我要求我们的教练员要遵循以下准则：

1. 不要散布谣言

谣言们是危险的，会降低组织的士气。

2. 忠于您的组织

每一个组织都有自己的规章制度，希望大家能够遵守规章制度、保持初心。

3. 避免使用亵渎和淫秽的语言

污言秽语证明了它的使用者缺乏正确表达自己的能力,并且正在掩盖自己的缺点。同时也不要贬低他人。

4. 不要对他人发表不愉快的评论

你对一些人做出不好的评论，最终会反映到你自己身上。

5. 在官方事务上保持沟通渠道

建立沟通渠道是为了提高组织效率，所有正式沟通必须按照公司规定进行。

6. 不要提及政治或宗教

这些议题对大多数人来说都是敏感的话题，而且它们对教学过程影响不大，教练员应避免提及它们。

7. 用你目前的能力来衡量你的成功

教练员要持续增加自己的教学能力，保持竞争力。

（三）个人品质

良好的个人品质是成功的关键。教练员工作需要不断地和学员接触，这些品质对教练员来说尤为重要。

1. 诚实

你有权利为你的指导收取费用，但必须要诚实地记录，以避免被误会和怀疑。

2. 具有良好的姿态

3. 自立

不要指望别人来履行你的职责。

4. 主动

以领导者的身份带动培训进程。

5. 热情

时刻记住热情是有感染力的。

6. 足智多谋

教练员应最有效地利用可用的资源，并在必要时即兴发挥。

7. 真诚友好

友好会使你受益，也会赢得学员的尊重。

8. 技巧

熟悉复杂的操作训练。

9. 健康

驾驶教学是一种心理和生理容易疲劳的职业，保持身体精神健康，才能有良好的教学效果。

10. 彬彬有礼

礼貌也是一种营销。

11. 合作

与你的同事和睦相处，愿与他人合作，你的效率会更高。

12. 表达清楚

与学员交流时，确保学员能理解他获得的信息。

13. 守时

教练员应做到守时，同时充分利用可用的时间。

14. 讲评要准确

对学员的指导必须及时完成。不要表现出懈怠。

15. 良好的执行力

熟悉公司政策和组织目标并忠实地执行。

16. 保持良好的个人形象

与学员在一起时，教练员要穿着整洁、干净的制服，同时要注重个人卫生。

五、结语

20 世纪七八十年代的时候，我们学校和其他学校一样，也在大打价格战。许多驾校濒临破产。他们无法付给员工薪水，也无法付清一系列账单和保险等费用。我认为企业最重要的一点就是要向员工们提供足够的报酬，让他们能够为自己的职业感到骄傲。教练员的薪水太低，完全是由于管理不善而导致的。同时，教练员自身也要更加努力、更加勤奋工作。

附：学员来信

比起自我表扬，更重要的是其他人对你的评论。我在教练员工作中，曾收到过许多学员的来信。这些信件可以让教练员对你的学员更有信心，同时让自己对教学也更有自信。有一些信写得非常动人，以至于我把这些信保存在教练车里，让我的学员们也能够看到。以下是我选择的几封信，与大家分享。

来信一

敬启者，

我的妹妹（索菲亚）和我（娜塔莉）都在加州驾校上过课，都是由奥斯卡先生教的。我们写信是为了表扬奥斯卡的专业精神和教学能力。奥斯卡是一位出色的驾驶教练，我们都非常感激他教我们如何安全驾驶。学习过程很有趣味性。所有的信息都被巧妙地传达和解释，每件事都以清晰简洁的方式呈现，这样我们就不会感到困惑。奥斯卡的平易近人和诚实的性格让我们在路上感到安全和自信，安全驾驶理念已经植根于我们内心。我们非常感谢他的努力和智慧。我们将向大家推荐他，鼓励任何需要学习开车的人去向奥斯卡学习。我们希望他能得到这样的认可，因为他是最优秀的。谢谢你的关心。

衷心祝福！

娜塔莉

来信二

尊敬的校长先生，

这是给卡尔·比蒂老师的一封表扬信。他在驾驶训练方面的专业知识和他异常友好的态度对我们的女儿来说是无价的。

比蒂先生真诚的关心和耐心，让一个缺乏自信、害怕、公认学习速度缓慢的少年在今年 9 月回到新墨西哥州的学校前获得了驾照。

毫无疑问，因为比蒂先生，我们会推荐加州驾驶学校给我们认识的人。你是如此优秀的员工，值得庆贺。

你真诚的

兰迪·特恩博夫人

来信三

尊敬的校长先生，

我最近向贵公司购买了驾驶课程。你派来教我的那个教练员非常能干。课程结束时，我顺利通过了驾驶考试。

由于我的年龄有点大，起初我很担心无法完成驾驶学习。直到我见到我的教练员比蒂先生，他善良而自信，他能让我放松，虽然我在考试时确实很紧张，但我比以前更有信心。

比蒂先生总是遵守我们的约定，他总是彬彬有礼，乐于助人，从不盛气凌人。车管所的工作人员也很尊重他。他善于与人打交道，善解人意，我认为他会成为一名优秀的教练。

你真诚地

格蕾丝·柯蒂斯

第六节　通过道路安全教育降低交通事故率

哈维埃尔·萨尔瓦多（西班牙）
西班牙马德里驾校校长

哈维埃尔·萨尔瓦多
精彩演讲视频

哈维埃尔·萨尔瓦多先生在演讲

西班牙马德里驾校校长，道路培训教师，道路意识与再教育课程培训师，生态驾驶讲师，网络培训教师等。自1995年始至今已拥有20年的职业经验。因教学能力突出，后晋升为几家驾校教学和运营主管。目前创办并兼任驾驶教练员培训协会主席、教练员培训师等。还致力于意外受害者组织、旨在提高驾驶人交通安全意识的培训等项目。

摘　要

本文从道路安全组织、驾驶人违法积分、醉驾限制、速度限制，介绍了西班牙人因道路交通安全治理的现状及发展。也介绍了西班牙驾驶人考试的方式、内容等，指出了政府力推实现自动驾驶的方式，促进驾考公平公正的可能性。同时也给出了西班牙驾校教练员和校长培训方案。

【前　　言】

西班牙有很多种类的驾校，驾校必须有政府许可才能经营。学员必须在驾校学习所有课程，才能取得驾驶许可。西班牙政府非常重视培养学员安全意识。我在驾校教授道路安全方面理论知识，同时还兼任多个驾校的线上、线下培训主管。

去年全球交通意外事故死亡135万人，每25秒钟就有一个人在交通事故之中丧生。作为教练员，我们必须向学员传播一种意识：数字背后都是活生生的生命。如果车速在60公里／小时的话，出车祸死亡概率是10%；如果时速是90公里／小时，死亡概率会大幅上升。如何避免事故？就需要一些应对措施。我是交通意外受害者协会的一员，我会给学员进行一个安全意识的培养。我们在安全意识培养之中不仅仅告诉学员这些统计数据，还让这些幸存者去讲自己的故事，让学员看到交通事故的严重后果。

下面讲讲西班牙是怎样做道路安全教育的，也讲一讲教练员在其中所扮演的角色。

一、西班牙道路安全

（一）西班牙道路安全组织

西班牙道路安全组织包括西班牙内政部所辖交通总局和道路交通安全和可持续交通委员会，交通总局负责道路安全及教育，道路交通安全和可持续交通委员会负责相关法规的修订。

（二）驾驶证积分制度

2006年7月以来，西班牙推行了驾驶证积分制度，以提高道路交通安全。

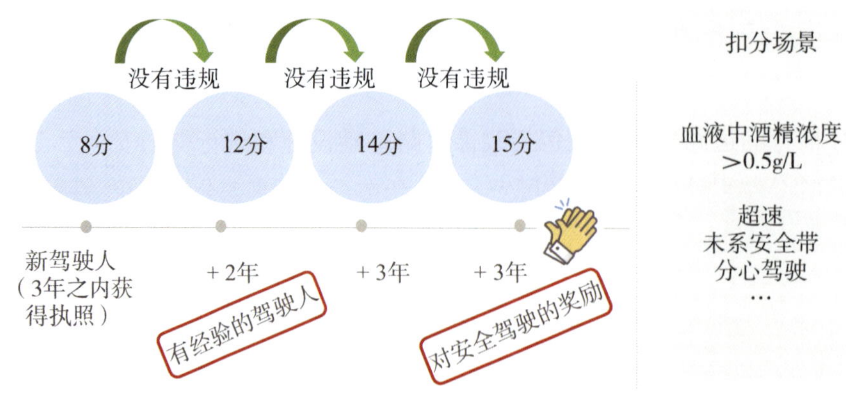

驾驶证积分制度

如果驾驶人的驾驶行为好的话就有奖励，驾驶行为不好的话就有惩罚。从教育的角度上来说，有两种教育的方式：一个是正规的教育，就是驾校的培养。还有一个是非正式的教育，就是通过观察其他人所获得的教育。如果我们不去惩罚违规的人，驾驶人就会以这种非正式的方法去积累恶习，这也会影响其他的人。

简单介绍一下西班牙驾驶证积分系统。新驾驶人的驾照有 8 分，如果在两年之内无违法记录，分值会增加到 12 分，在未来几年之中，如果驾驶行为良好的话可以一直加到 15 分。如果驾驶人违规的话，就会给他扣分，通过这种奖惩措施，会让驾驶人在采取违法行为之前三思。我们以此为依据对驾驶人进行再教育。

（三）对毒驾、醉驾的处罚措施

西班牙很多地方已经开始实施对毒驾、醉驾的惩罚措施，预防和控制酒精和毒品。我们已经进行了 10 万次毒品测试，超过 500 万次酒精血液浓度测试，这对西班牙这样一个人口不多的国家来说频率很高。如果驾驶人每升血液之中的酒精浓度超过 0.6 克，在西班牙就是重罪，需要坐牢 3 ～ 6 个月。此外还必须参加一个道路安全意识的课程教育。

（四）对超速的处罚措施

速度是道路交通安全的一个很大的决定因素。如果时速在 48 公里／小时，两车相撞死亡率是 3%。但如果时速 96 公里／小时的话，两车相撞引起死亡的可能性是 96%。如果在高速公路上开车时速超过 120 公里的话，就可能会引起严重的交通事故，也会导致驾驶人被扣分，可能也会构成重罪。

（五）西班牙道路安全政策

西班牙推行的道路安全政策包括改善道路基础设施和进行交通安全意识宣传推广。中国是高速公路累计里程最长的国家，西班牙在全世界高速公路公里总长度排名第三，修建单向高速公路会大大减少交通事故的发生。通过交通安全意识宣传推广，加强公众的安全意识。在过去的五年，我们取得了丰硕成果，摩托车驾驶人戴头盔的比例从 73% 增长到了 98.9%，摩托车驾驶人系安全带的比例从 70% 涨到 90%。驾驶人血液酒精浓度超过 0.32 克／升的比例从 32% 下降到 24%。

二、西班牙驾驶考试

在西班牙，如果想得到驾照必须经过考试。考试分理论和路考两部分。理论考试有 30 道题目，内容包括急救、机动车机械原理、道路标志等等。30 个问题之中必须至少答对 27 个问题才能通过。路考时，考官通过路线系统自动生成一个路线图给考生，整个考核过程全程录像，这样能确保考试更加平等公正。

1 熟悉车辆　2 学习驾驶　3 模拟考试　4 考试

传统的西班牙驾驶培训方式

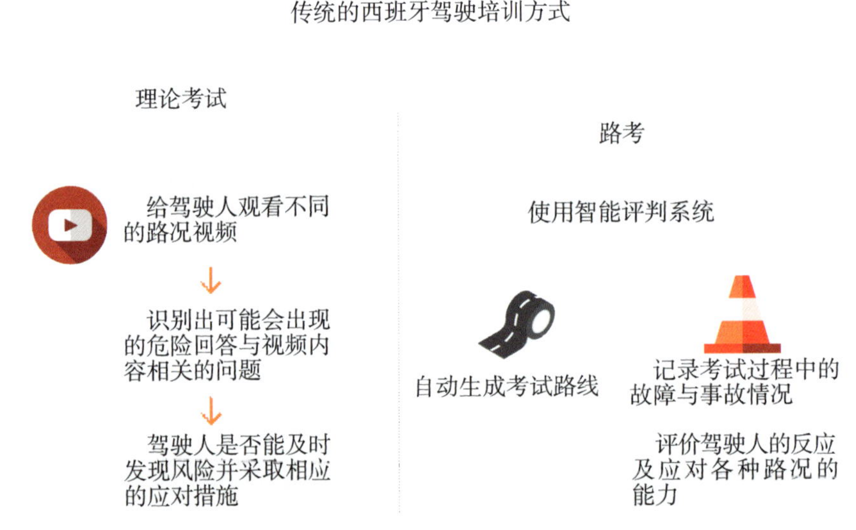

交通总局（DGT）提出一种新的考试方式

三、西班牙驾驶教练员培训

如果要在西班牙做驾驶教练员，首先必须要有高中毕业证和两年的驾驶经验，还必须通过一个心理和能力的测试才能取得职业资格。所有的环节都是淘汰制，淘汰率 20%。之后也会对教练员进行路考。第一阶段考试通过之后，还要进行进一步的培训和评估。对教练员是否理解交通信号、是否具备道路安全意识、是否具备教学能力、是否具备良好的心理素质、是否知道急救技巧、是否有相应的保险知识等内容进行考察，要想通过考察，必须至少答对 70% 的题目。上一届只有 10% 考生通过所有的考试。所有的考试通过之后，他们需要接受 10 周的课程培训。不仅是要面对面教授理论课程，同时也有路考的训练过程，确保教练员在任何情况下都知道怎样去驾驶汽车。最后得出评判结果：合格或不合格。

西班牙对驾校管理者的考试非常严格，笔试必须达到 85% 的正确率，最终通过率是 10%，考试内容包括一些行政的程序、心理学、专业能力等，如果通过这些考试之后才能够去当驾校的主管。

第七节　机动车驾驶教练员的专业培训及职业发展

朱灿培（中国香港）
香港驾驶学院行政总裁

朱灿培精彩演讲视频

朱灿培先生在演讲

曾在香港特别行政区政府多个政策局及部门出任高层管理职位，2014年获邀出任香港驾驶学院行政总裁。多次获邀参加本论坛。

香港驾驶学院成立于1983年，是香港第一家和最大的一家“政府指定驾驶学校”。香港驾驶学院的经营理念是成为顾客优质驾驶培训的首选，在过去36年，一直以为学员提供优质驾驶培训为首要任务，致力提升教练员的培训质量及效果。

摘　要

中国内陆教练员除了婚姻状态比较好一点，胃也不好，不受人尊重，跳槽很多。但在香港，教练员是一个非常受人尊重的职业，工资待遇薪酬也非常高。为何在同一个国家的不同地区会有如此鲜明的差异，朱灿培先生用自己几十年的经历和独特的视角为您诠释。

【引　言】

道路交通安全关系到每一个道路使用者，包括驾驶人及行人。要确保道路交通安全，第一步就是提高驾驶教练员的培训质量。只有高质量的驾驶培训才可以提高学员驾驶安全意识。向教练员提供专业的培训及良好的职业发展，是不可或缺的一环。

一、香港驾驶学院简介

香港驾驶学院是全港第一家和最大的一家“政府指定驾驶学校”。始建于1983年。学院有沙田、港岛、元朗三个校区。学院的经营理念是要成为顾客优质驾驶培训的首选。学院的使命是提供最专业、最高效率及以市场主导的优质驾驶培训服务，从而为香港道路安全及经济繁荣做出贡献。在过去的36年间，学院一直朝着这个方向迈进，为学员提供优质的驾驶培训服务，同时，我们致力于提高教练员培训的质量。

二、教练员的专业培训

香港驾驶学院的教练员专业培训流程

我们的教练员专业培训流程如上图所示。从流程图中可以看到，香港驾驶学院的教练员首先要参加香港政府运输署的教练员考试，考试包括笔试和路考，通过这个考试后才能拿到教练证。他们拿到教练证之后，可以成为我们的准教练员，但还不是我们的正式教练员。在准教练员期间，还要接受我们12个月的在职培训和试用。试用合格后方可成为我们的正式教练员。

成为正式教练员以后，他们还要每年接受专业的发展和技能提升培训。我们向教练员提供专业的培训工作。包括招聘、在职培训、考评、专业发展和技能提升等过程。为什么说向教练员提供专业的培训由招聘开始？选择教练员最重要的就是选他的心态，不是他的驾驶技巧。招聘的目的是既要驾驶水平达标，更重要的是具备正确的心态。在我们看来，正确的心态比驾驶水平更重要。因为提升教练员驾驶水平比较容易，但改变一个人的心态却是十分困难的。我们希望每一位教练员都认同：驾驶培训是一个专业问题。我们谈论如何提升教练员的社会地位，实际上就是把教练员看成一个专业。他们自己要认同自己的专业，把提供高质量的培训作为一个首要的任务。教练员要承担很多的社会责任，只有具备正确心态的教练员才能提供专业的培训，才会事半功倍。

招聘过程包括面试、笔试、路考、驾驶水平达标等，而且要求应聘者具备正确的职业心态。我们向他们提供政府运输署发布的教练员的考试训练大纲和计划。训练的内容包括笔试和路考，帮助他们考取教练证。他们获取教练证后就是我们的准教练员，然后就开始接受12个月的在职培训和考评。

在职培训有六个项目、四个模式、三个要点。

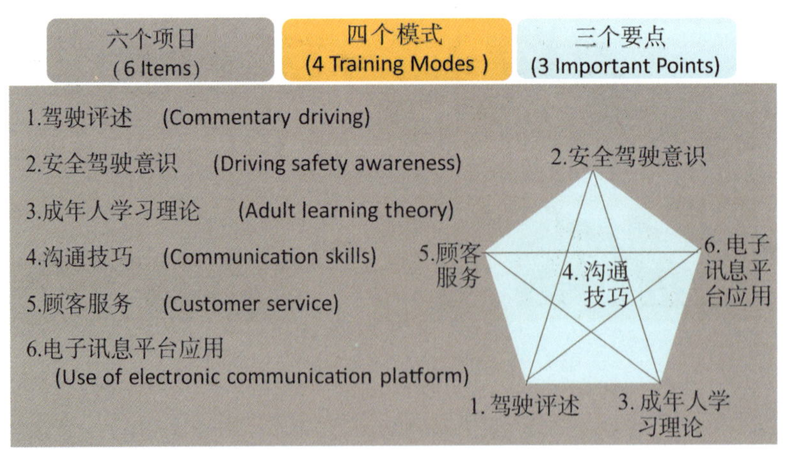

在职培训及考评（十二个月试用期）

六个项目分别是驾驶评述、安全驾驶意识、成年人学习理论、沟通技巧、顾客服务、电子讯息平台应用等。驾驶评述就是要把不同路况时应该讲述的内容说出来，比如说绿灯亮了，驾驶人应观察路边的情况，松起制动踏板，给一点油，慢慢开车。我们要求我们的教练员先讲后做。安全意识非常重要，是我们一个重要的培训项目。为什么我们还要有成年人学习理论和沟通技巧呢？因为我们培训的对象不是小孩，都是成年人，所以教练员一定要懂得成年人是怎样学习的，每一个成年人学习的习惯都不同，一定要好好掌握。还有一定要懂得怎样跟他们沟通，所以得有一定的沟通技巧。我们不仅是教驾驶技术，还需要提供服务。正确的服务态度非常重要。我们还要教导教练员怎么用我们自己开发的电子讯息平台，加强学员与教练员之间的互动和沟通。关于学员培训的所有信息都可以在这个平台上找到。学员可以了解和掌握他们自己的培训流程和进度。教练员可以查学员的进度，给这个学员提供有针对性的培训。

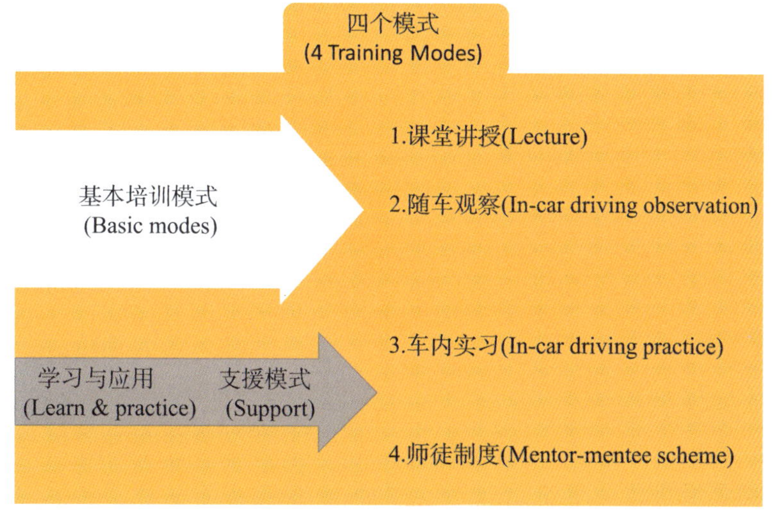

在职培训及考评的四个模式

四个模式就是课堂讲授、随车观察、车内实习和师徒制度。随车观察什么意思呢？在车内观看车上的教练员是怎么教学员开车的。车内实习就是准教练员向驾驶人提供培训，然后由教练员做一个随车的观察，评估这个培训的水准。每一个准教练员都有一个学院教练员作为他的导师，这就是我们师徒制度。在随车观察和车内实习的时候给这个准教练员指导和评核。

在职培训及考评的三个要点

三个要点就是知识、技能、态度。有很多教练员有很高的驾驶培训技术，很高的驾驶培训技巧，但没有一个好的正确态度，我们觉得他不是一个好的教练员。我们为什么花很多时间进行准教练员培训呢？因为我们希望有足够的时间去观察这个准教练员，看看他能否掌握驾驶培训的技术和技巧，还有他是否拥有正确的态度。这都是教练员培训的基础，往后专业培训都是在这个基础上提升，都是围绕这几个要点。

三、专业发展及技能提升

为了确保教练员能够做到与时俱进，掌握最新的驾驶教学知识和技巧，并且将专业的态度运用于驾驶培训之上，给学员最好的学习体验和效果，我们的教练员每年都必须接受持续的培训和持续的考评。

（一）持续培训

持续的培训包括驾驶技巧工作坊、法规更新研讨、专家分享个案、外访观察考察培训等。

1. 驾驶技巧工作坊

包括学员常犯的错误汇总、驾驶培训过程和器材的发展等。比如VR的发展应用。

2. 法规更新研讨

讨论与驾驶人有关的最新法律和规定。包括道路交通安全，以及运输署驾驶考试最新的法律和规定。

3. 专家分享个案

我们邀请专家做一些跟驾驶培训有关的个案分享。我们最近邀请保险专业的人士和律师分享交通事故的个案。我们讨论的主题是：在教学中发生交通事故应该怎么处理？我们在这个基础上梳理处理交通事故的做法，然后跟每一个教练员讨论，让他们了解应该怎么处理类似问题。

4. 外访观察考察培训

我们安排教练员外访其他的同行，包括内地和日本。带领我们的教练员参加本次论坛就是一个例子。

（二）持续考评

除了持续培训还有持续考评。包括笔试和口试，跨区视学，跨区驾驶评核。

香港驾驶学院的持续考评

1. 笔试及口试的内容包括最新的法律规定，培训最新的课程等。

2. 跨区视学就是由评核人在车内观察教练员的教学技巧。我们有三个分校，评核人和教练员都来自不同的分校，确保评核是客观和独立的。

3. 跨区驾驶评核是由评核人在车内观察教练员的驾驶技巧和怎么做驾驶评述。

四、教练员的职业发展

除了持续专业培训以外，良好的职业发展也是确保教练员培训质量不可或缺的一环。良好的职业发展可以人尽其才，每一个教练员都可以发挥所长，为驾培行业做出贡献。

我们是用人唯才，为教练员提供公平的晋升和发展机会。我们通过每年的考试，甄选合适的教练员出任高级职位，为不同方向的教练员提供所需要的专业培训。在香港驾驶学院，教练员有两个大的职业发展方向：一个是驾驶人培训，一个是运营管理。

香港驾驶学院的组织机构

（一）营运部

香港驾驶学院负责驾驶人培训的部门就是营运部。与车队培训部、营运发展部并行属于营运主管管辖。营运部负责向学员提供培训，还有向合格驾驶人提供商用车辆驾培。教练员在营运部晋升一共有三个级别，分别是导师、导师长、高级导师和品质提升主任。前两个级别都是高级教练员，最后的高级导师和品质提升主任是专门负责模拟考试的。再高一个级别就是组长了，组长负责确保学员得到优质的驾驶教学和服务。营运部的最高级别是营运经理和高级营运经理。他们都是经理级人员。负责三个分校的日常管理和运作。

（二）车队培训部

成立于1998年，负责向企业车队和驾驶人提供专业的培训和顾问服务。帮他们提升职业驾驶人的安全意识。我们训练的车种包括商用车辆、摩托车、私家车。

车队培训部教练员的级别有车队培训主任、车队培训高级主任、车队培训经理。

（三）营运发展部

营运发展部专门负责训练课程的设计、教练员专业培训、教练员考评及技术提升等。营运发展部的级别有营运发展主任、高级营运发展主任、首席营运发展主任。高级营运发展主任是高级教练员。首席营运发展主任是首席的技术主任级的人员。他们都是非常资深的教练员，有丰富培训的理论和经验。

五、总结

香港人口只有 760 万人，与内地的省市相比少得多，因此香港驾驶学院运作的规模很难跟国内的同行相比。我们参加这次论坛与同行分享教练员的培训工作和职业的发展，目的只有一个，就是跟国外和内地的同行学习，弥补自己的不足，让我们一起为提高驾驶培训的质量而努力。

第八节　教练员的职业与安全

刘兆辉
黑龙江省哈尔滨市北环驾校教练员

刘兆辉先生在演讲

从1993年开始，先后入职黑龙江省军区汽训队、原沈阳军区汽修大队。2004年开始从事驾驶培训工作，现任黑龙江省哈尔滨市北环驾校理论教练员。

摘　要

从一线理论教练员角度，基于我国机动车驾驶教练员职业与安全的实际，以勇于实践的心态，发现和揭示了当前我国道路交通安全中存在的现象以及与教练员职业能力、职业态度之间的关系。反映了当前我国驾培市场及教练员职业所存在的实际问题，提出了对未来教练员职业的期望。

一、职业背景

驾驶人作为驾驶学员的启蒙老师，是落实驾驶人素质教育最重要的实践者，是道路交通安全第一道防线的主力军，教练员素质和驾驶水平的高低，直接决定了其是否能培养出合格文明的驾驶人，直接影响我国道路交通安全水平。

2016 年 2 月，《国务院关于第二批取消 152 项中央指定地方实施行政审批事项的决定》（国发 [2016] 9 号）文件明确取消教练员从业资格证认定，取消了教练员从业资格考试的相关规定。

规定出台后，给我感触最深的就是大量的外行进入了这个行业，甚至出现了有证没证都一样、劣币驱逐良币的现象。许多驾校在聘用教练员时，只要能开车，会开车，不管什么人都可以当教练，教得好的和不会教的待遇都是一样。驾校不对教练员开展岗前培训和教育，绝大多数教练员都是半路出家，理论和文化知识相对比较薄弱。即便有丰富的驾驶经验，但缺乏系统理论知识，知其然不知其所以然，教育方法落后。致使教练员缺乏必要教学能力，缺乏理论与实践相结合讲解的能力，缺乏专业驾驶知识和良好的服务意识。

教练员职业乱象

最明显的是法规课培训。法规课老师干脆不讲解法律知识了，要求学员用手机 APP 答题。将标志标线的含义，还有箭头指示标志，应该如何选择车速等贴近生活、提高自我防范意识的内容全部省掉，学员只要通过考试就可以了。师者传道解惑，驾校用这样没有资质、不负责任的教练员培训，还有什么意义？甚至有的驾校采用老学员带新学员的方法，这样只会使培训效果越来越差。

二、职业能力及其安全影响

教练员出售的“产品”就是学员的安全驾驶技术和安全驾驶态度。表现在教练员身上，相对应的就是教练员的职业能力和职业态度。教练员是否具备职业能力和职业态度，会直接引发道路交通安全问题。

教练员一问三不知

没有教练员，何谈能力

许多驾校没有理论教练员，学员理论学习完全靠自学，靠学员死记硬背来机械记忆。据了解，东北人口流失率全国第一，职业薪金最低。哈尔滨驾培行业竞争最激烈的时候，驾校招生收费估计在全国也是最低的，C1 车型的学费只有 1600 元。为了节约培训成本，许多驾校就不配备教练员了。转而让学员答题，让学员死记硬背。以至于学员“进考场，看卷正心凉，一紧张，词全忘。似曾相识，何意却不详。看大题，泪千行，选择填空两茫茫”。

（一）张冠李戴

我出一个关于道路编号的题，如 105 国道，其“1”位置代表什么含义？答案是：“1”是北京到珠海的，“2”是代表南北走向的道路，“3”是代表东西走向的道路。学员不懂，也有教练员不懂的。有个驾驶人因为车速过慢，影响正常交通。警察示意其停车，驾驶人指着“G6”的路牌问道：这不是让我限速 6 公里吗？

（二）应试口诀满天飞

直角转弯的培养目标是什么

直角转弯是科目二的一个必考项目。有许多教练员训练时不是从实际需要出发，而是只顾应付考试。各种口诀应运而生，比如“车头盖过前线”　“转动方向盘到底”　“车头变正”　“回转方向盘”等，这样很容易导致学员什么也没有学到。直角转弯训练真正的目的是培养驾驶人在直角转弯路段正确操控转向、正确判断车内外轮差的能力。如果学员在现实当中真的遇到这种直角转弯，但前面没有线会怎么办？事实证明，如果没有掌握好转向盘操控的能力，经常会发生车尾部和车库剐蹭等连锁问题，发生道路事故也就不足为奇了。

（三）厂家真“缺德”，都省了发动机

教练员除了要通晓法规，还要对车辆的构造非常了解。分享一则笑话，车辆发动机分前置、后置等形式。有两个女驾驶人很有钱，买了几百万的保时捷 911。保时捷 911 是后置后驱，发动机在后面。两个女驾驶人驾驶机动车在道路上行驶，

前一个女驾驶人发动机突然熄火了，想打开前发动机看看是什么故障，什么原因造成的熄火。一打开前发动机盖当场就急了：现在厂家这么“缺德”，发动机都省了！后女一打开后车的发动机就说：别着急，我这里有一个备用发动机。看起来像在说相声。

厂家真“缺德”，都省了发动机

打开后发动机舱盖。

后置发动机

（四）两者相逢勇者胜

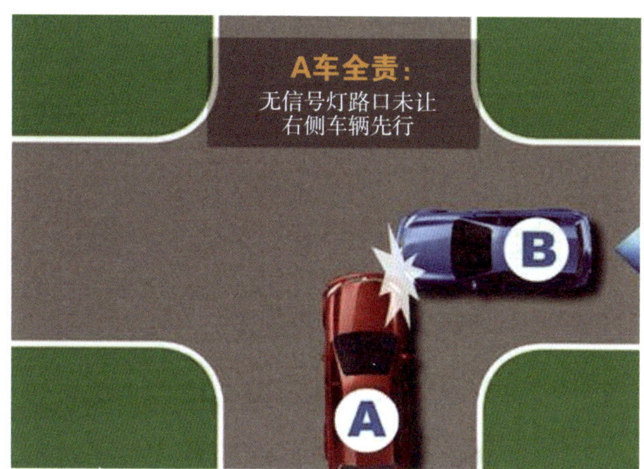

无信号路口让行

如上图所示，法规规定：通过没有警察、没有信号灯的交叉路口，要礼让右方来车先行。为什么礼让右方来车？车辆的A柱会形成盲区影响驾驶人的视线。A车驾驶人坐到左侧的时候，可以看到B车。但B车驾驶人离A柱比较近，看不到A车。所以说法规要求A车要礼让B车先行，很多学员对这个法条是知其然不知其所以然。包括很多老驾驶人都不懂。前两天，我碰上一个刚入职的老教练员。他做教练员时间比较长。我问他法规为什么规定要让右方来车？教练员称：两者相逢勇者胜吧。在道路交通当中有勇者胜吗？难道学校培养出来的驾驶人都要像李云龙一样敢于亮剑吗？

（五）不喜欢开车这么磨叽的男人

一位中国留学生在国外找了个女朋友。一天深夜，他开车和女朋友一起外出，在十字路口遇到红灯，见左右前后都没有车辆，也没有行人，他就自然地闯了红灯，开了过去。第二天，他接到女朋友提出分手的电话，追问原因，女朋友说："你连红灯都敢闯，还有什么事情不敢干？跟你这种人在一起，我没有安全感。"回到国内后，留学生再次恋爱了，新的女朋友是中国人。又是一天晚上，两人外出途中，也遇到红灯。这回他吸取了往日的教训，在停车线内及时停车，等待绿灯。第二天，他又接到女朋友提出分手的电话，理由则是："你在深夜都不敢闯红灯，还敢做什么？跟你这种窝囊男人在一起，能有什么出息？"

深夜闯红灯，在外国女友的眼中是什么都敢干，没有安全感的根据；在中国姑娘眼里，却成了没胆量没出息的行为。这其中的差距，就是我们与发达国家公民在诚实守信意识方面的真实距离。

（六）错把油门当刹车

广州某女引发一起道路交通事故。从事故现场看，这个驾驶人有以下违法行为：穿高跟鞋。穿高跟鞋驾驶机动车是法律严令禁止的。网友们对这个事故意见不一，有人说是她低头看手机造成的事故。后来交警给出了结论：她在等红灯时，没有把挡位切换到停车挡，而是右脚踩着制动踏板。当时口渴了，水杯放在后座，由于她身材比较小，拿水杯时脚就离开了制动踏板，导致车辆向前移动了。等她再回头发现并想减速停车，却错把加速踏板当成制动踏板，车辆突然向前冲闯，造成伤亡6人。对此案例进行分析：第一，她的问题出在没有意识到自己穿错了鞋上。安全驾驶是一个复杂的社会行为，教练员需要规范学员操作，让学员养成一个良好的驾驶习惯。安全意识的重要性要远远大于实际道路驾驶技能。第二就是很多教练员不会讲解P挡、D挡、N挡的作用，才酿成此次道路交通事故。

三、职业态度及其安全影响

社会上流传着一句话：“抽中华的未必是老板，也有可能是汽车教练”。说明职业态度的作用非同寻常。没有教练员对“吃拿卡要”默认的态度，哪有“中华”烟？“种瓜得瓜种豆得豆”，蔓延到未来的驾驶人，未来安全隐患将不可小视。

“抽中华的未必是老板，也有可能是汽车教练”

（一）教练员粗暴教学阴影下的事故

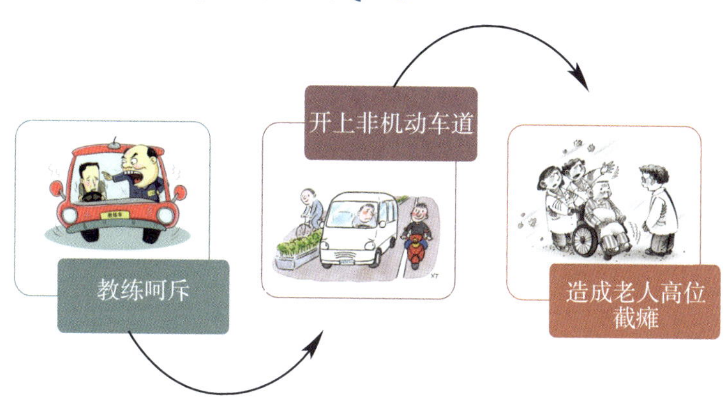

教练员呵斥阴影下的事故

爆粗口等粗暴教学行为在网络上被屡次曝光。山东聊城某驾校教练员带领学员训练，学员在教练员的一声呵斥下，手脚忙乱地把车开到了道路上并撞上老人，造成老人高位截瘫，生活不能自理。

（二）“严是爱宽是害”的教学误区

“严是爱宽是害”的教学误区

有的教练打着“严师出高徒，严是爱宽是害”的旗帜，对学员大加训斥。实际上严格不是严厉，不是训斥。我不相信信奉“严是爱宽是害”的教练员能培训出合格的驾驶人。不懂心理学和如何与学员沟通，在学员紧张的情况下更不利于知识的传递。

（三）表扬比批评更重要

从教育心理学上讲，表扬更适合技能教育，“表扬比批评更重要”。教练员应以尊重学员人格为前提，通过表扬、肯定学员的闪光点，激发学员的兴趣和动力，从而取得更好的学习效果。

（四）我国交通事故居高不下及原因

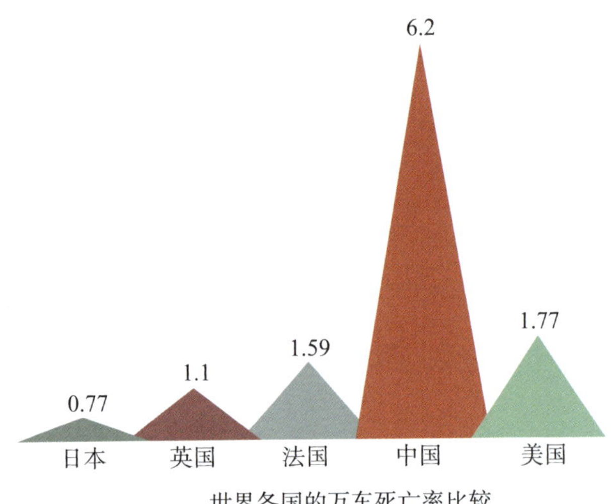

世界各国的万车死亡率比较

如上图所示,中国汽车的万车死亡率世界第一。日本的死亡率是 0.77,英国是 1.1，加拿大是 1.2，法国是 1.59，美国是 1.77。而我国是 6.2，是发达国家的 4 ~ 8 倍。每年交通事故的死亡人数列世界前三位，致死率 20.7%，是日本的 25 倍。

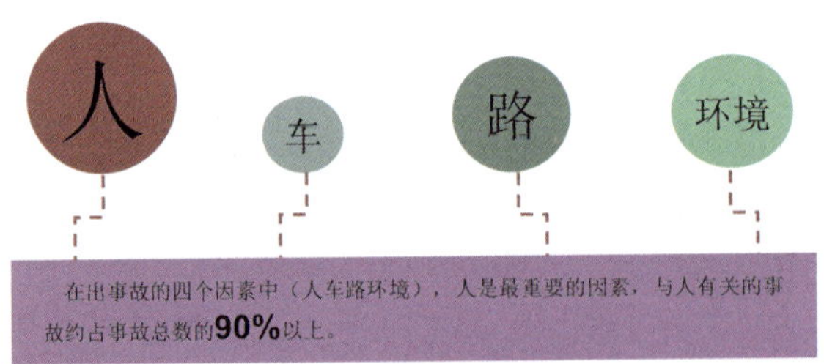

发生交通事故的四个因素

发生道路交通事故的四个因素包括人、车、路、环境，其中人是最重要的因素。人因造成的道路交通事故约占整个事故的 90% 以上。

（五）德国低事故率与教练员职业

2014 年德国因道路交通事故死亡的人数仅 3000 多人。德国良好的交通形势在于实行严格的教练员培训制度。教练员整体队伍素质比较高，从而能培养出安全意识比较强的驾驶人。以小型汽车教练员为例，年龄必须满 22 岁，参加过职业培训和具有高中以上学历，持有相应车型的驾驶证，有 3 年以上的驾龄。符合上述的条件方可报名参加历时 9 个月、770 个学时的培训。

这些马路杀手与半成品的教练员是否有关?

四、职业建议与期望

我个人认为，应当继续从严制定教练员标准，提高教练员的职业规范、教学驾驶能力、讲解沟通能力、服务能力等。打造高素质的教练员队伍，做一个对社会负责、对人民负责、贡献和谐交通的道路交通安全的引路人。

第九节　教练结合科技提升教学服务

董必文
广东省广州市粤安驾校教练员

董必文精彩演讲视频

董必文先生在演讲

毕业于广州华南师范大学英语专业，具有10年外国人入境中国游服务经验。自2016年进入驾培行业，从业于广州市粤安驾校。研究快乐教学方法，因材施教，深受学员的喜欢。

摘　要

本文以“我”为线索，不断注入科技因素，通过“原来的我”“现在的我”和“未来的我”三个阶段，提出了当今社会教练员职业形成和发展的过程。本文以互联网新业态为基础，以自身的智慧，结合当前驾培行业的实际，从不同的视角发现教练员职业所存在的问题，提出了解决当前教练员与学员之间、经济发展与交通安全之间、驾校与教练员之间矛盾的观点和看法，对推动教练员职业发展具有一定的借鉴意义。

一、“原来的我”

（一）进入驾校之前的“原来的我”

进入驾校之前的“原来的我”

安全无小事，科技助驾培。我毕业于教育师范学院，从事过 10 年的入境旅游，但为什么我会成为一名教练员呢？

这跟我很多年前目睹的一场交通事故有关，这场事故深深震撼了我。我思考事故发生的原因，发现有很多事故都是人为引起的。驾驶人行驶在路上，却不了解交通规则，事故是必然发生的。驾校以及教练员对此有没有责任呢？这值得我们反思。由于现在的驾培行业普遍存在应试教育、填鸭式教学，造成很多驾驶人取得了证件但没有驾驶能力。这样的驾驶人遇到突发情况时，是没有能力做出交通事故应急反应的。道路交通安全与驾校的教学质量息息相关。

出于个人的情怀和一种对社会的责任，我决定投身于驾培行业，成为一名教练员，我坚信驾培教练员和教书育人的教师同样有着高尚的信念，并且责任更加重大，更能解决一些实际问题。

（二）印随现象

教练员在保障交通安全方面发挥着怎么样的作用？“印随现象”很好地解释了这一点。印随现象是指刚孵化出来不久的幼鸟或刚生下来的哺乳动物，会认识并跟随它们所见到的第一个移动物体（通常都是它们的母亲）。一个优秀的、遵守交通安全规则的教练员有更大概率培养出安全意识强的学员。“近墨者黑、近朱者赤”也是这样的道理。

（三）进入驾校之后“原来的我”

原来的我
因为工作业绩考核直接关联个人收入

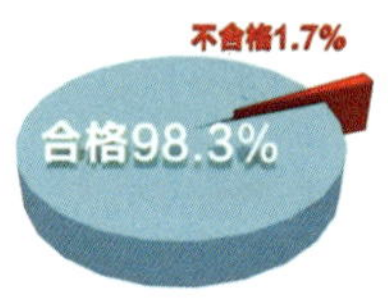

关注学员合格率

依赖个人经验
不提升理论能力

提供简单的单一的
教学服务

进入驾校之后“原来的我”

进入驾校之后，很多教练员只注重个人的经验、及格率，没有理论的知识，只能提供单一、简单的教学服务。但随着社会发展，学员的自主意识增强，年龄范围不断扩大，从00后到40后都有。学员如此多元化，传统的教学模式还能够适应这个时代吗？

二、“现在的我”

（一）进入驾校后“现在的我”

交通事故每天都在发生，我们一直在思考如何通过增强教练员和学员之间的互动和黏性来保障交通安全。我们发现，良好的教学关系和良好的驾校归属感能够更好地减少人为交通事故概率。为了能够进一步改善教练员和学员的关系，提高对驾校的归属感，粤安驾校开发了驾培小程序。教练员只要有一台手机就可以和学员互动，学员有问题第一时间就能想到驾校、想到教练员。这能够让学员真正感受到驾校、教练员是他们安全道路上的第一人。

（二）“现在的我”新旧印象对比

“现在的我”新旧印象对比

粤安驾校的教练员队伍已经是一个廉洁、专业、高素质的团队，但以往有很小一部分教练员很不负责任。吃拿卡要、打骂学员、教学态度非常差，这造成社会误认为我们教练员都是素质不高，文化程度很低，毫无亲和力的。造成他们在学车过程中缩手缩脚、如履薄冰。

（三）“现在的我”形象提升手段

1. 制作教练员个人主页

教练员个人主页

我们结合科技的力量，用我们的小程序打造一个教练员个人主页。让学员能够全方位地了解教练员的专业形象。教练员还可以添加更多属于自己的个性化标签，这就像一座桥梁，拉近教练员和学员之间的距离，学员只需要打开手机进入小程序，就能够看到我们平时是怎么教车的，其他学员对教练员是怎么样的评价，学员会自发为优秀的教练员、驾校宣传。这样就能促进教练员提升自己的教学态度和教学方法。

2. 提供教练员形象海报

教练形象海报——分享专属招生海报，塑造青春正能量形象，重新吸引00后年轻一代。打破对教练的刻板印象，向大众传播新时代教练正面形象，提升驾校口碑，从而提高社会效益和经济效益

教练员形象海报

教练员主页还可以制作自定义海报，分享专属的招生海报，塑造青春正能量形象。吸引年轻的学员，打破大众对教练员的刻板印象。向大众传播新时代教练员的正面形象，提升驾校口碑，从而提高驾校的社会效益和经济效益。

3. 学员咨询跟踪

学员咨询跟踪——掌握学员在驾校小程序中的活动轨迹及兴趣点，精准化跟踪，打造专业贴心形象

学员咨询跟踪

我们还可以对学员的咨询进行沟通。以往我们只能打电话沟通，没有系统化的跟踪记录，对学员意向没有把握。以往我们只注重应试教育，没有提升自身服务水平，忽略安全理论的培养，这样很容易造成意向学员的流失。现在我们通过学员浏览足迹、行为的分析，能够更好地掌握他们对驾校的兴趣点，并进行精准化的跟踪。从而能够更加熟悉了解每一位学员的跟进历史，快速给学员提供服务，打造一个贴心教练员的形象。

（四）“现在的我”形象定格提升

现在的我

传统教学服务

- 教练、学员、教学三者关联度低
- 电话预约，沟通繁琐
- 学员对教练、驾校归属感弱

一站式教学服务

- 智能题库，全面了解学员学习情况
- 线上预约，节省时间，适合年轻人
- 多方式与教练、驾校关联，提高归属感

“现在的我”服务对比

许多学员毕业后买了车但不会开，只会开教练车。因为他只会看教练车的点位，这就是应试教育。教练员在教学当中除了实操以外，常常忽略对学员的理论性强化和指导，教学没有差异化。通过图中所示对比，进行了以下定格提升：

1. 教学的提升

现在的我 | 教学的提升

智能题库——科学学习理论知识，智能化分析数据，让我能更深入了解学员学习情况

提供有的放矢的专门性教学，因材施教，为社会减少马路杀手

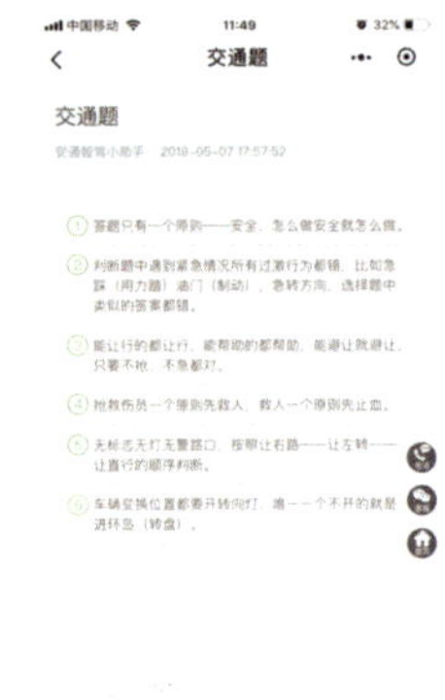

教学的提升（一）

智能题库可以让学员更科学地学习理论知识，结合智能化分析学员的做题数据，能更加了解学员的学习情况，提供有的放矢的专门教学，因材施教，为社会减少“马路杀手”。

现在的我 | 教学的提升

智能题库——同时分级学习也帮助我提升理论能力

除了能传授学员驾驶实操经验外，更能教导他们正确的安全文明驾驶知识

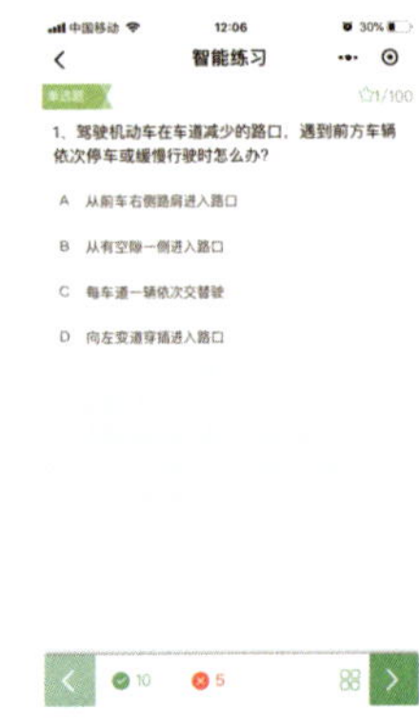

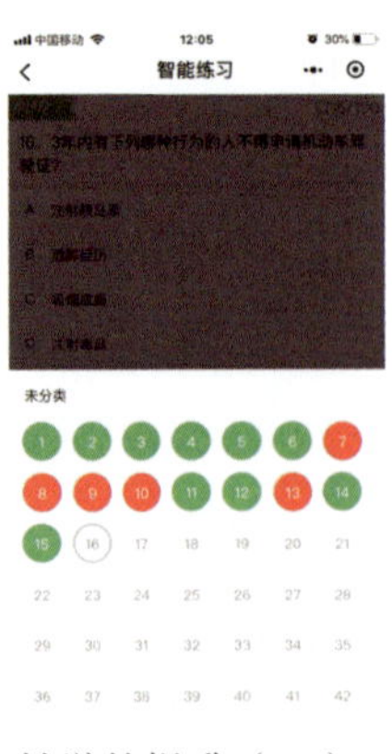

教学的提升（二）

分级学习功能能够在传授学员驾驶实操经验之外，指导他们如何提高安全文明驾驶知识。比如反手开门，是为了能够避免车门撞到后面的行人、自行车或摩托车等，避免事故的发生。

2. 服务的提升

●现在的我 | 服务的提升

预约学车——在线预约学车，告别繁琐电话预约，选择年轻学员更为接受的线上沟通方式

而学员评价能让我能了解学员需求，及时完善不足，更好地提升自我

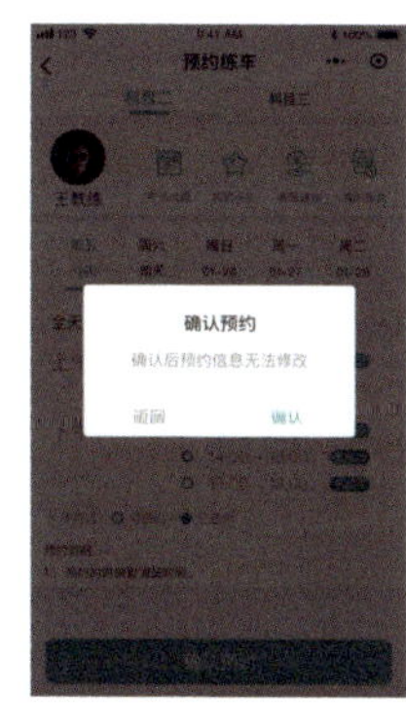

服务的提升（一）

●现在的我 | 服务的提升

电子成绩单、场地导航、线上咨询…——科技手段帮助我轻松提升服务品质，同时也大大提升了驾校在年轻学员中的口碑

服务的提升（二）

很多年轻学员更接受线上的沟通方式，在线预约功能能够提升学员的练车体验感。同时学员的评价打分也能够让我们了解学员的学车感受。电子成绩单、现场咨询、场地导航这些科技手段能让我和学员拉近关系，能够更好地为他们服务，同时也能够提升驾校的口碑。

3. 管理的提升

●现在的我 | 管理的提升

车辆管理、加油管理——爱车护车，我可以随时关注车辆状态，包括保险、出险、维修保养，以及油损油耗情况的更新，最大限度保证学员驾驶车辆的安全

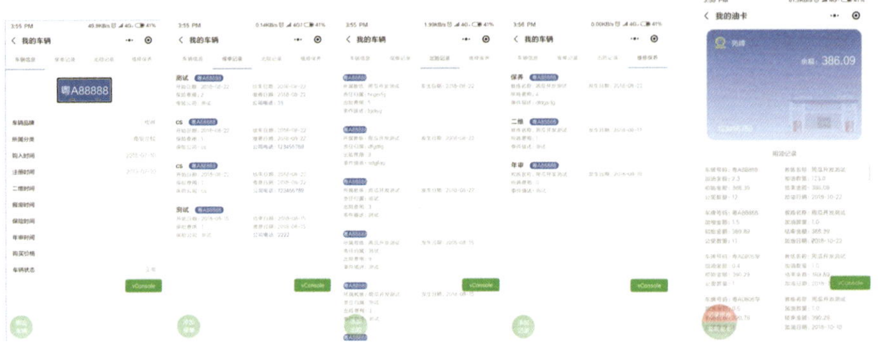

管理的提升

对学员来说，教练车必须安全性高，性能优良。车辆管理功能可以帮助驾校教练员做好车辆维护，保障教学安全顺利。

三、“未来的我”

●未来的我

借助更多的技术来提升教学服务，提升教学能力

例如：VR虚拟现实为学员模拟真实路面情况，让学员学会处理紧急路况，通过隧道，夜间行驶，跟车，会车等等驾驶技术，能更大幅度提升驾驶的安全性，还有AI人工智能等有力辅助教学工具...

“未来的我”

未来是属于科技的。教练员更要走在科技的前沿，了解科技发展的方向。VR 虚拟现实为学员模拟真实的路面情况，让学员学会处理紧急路况。通过隧道、夜间行车、跟车、会车等等安全驾驶技术的提高，能够更大幅度提升驾驶的安全性。驾驶对于大部分人来说是一种快乐的体验，是一项技能，更是一种需求。即使是无人驾驶的到来也不能够代替人类通过学车、驾车所带来的乐趣和成就感。我们驾培人要拥抱科技、拥抱未来，不断地提升自我才能更好地无缝对接高科技时代。当好学员安全道路上的引领人和护航者。我坚信科技的力量能帮助我们更好地提升教学和服务质量，提升驾校的口碑和品牌，为社会输送更多的优秀驾驶人。

第五章

国际经验交流

本部分内容由论坛各分会场中外专家现场交流内容整理而成。问答内容基本保持现场交流的实际情况，但对问题的类别进行了重新分类，对重复和相近的问题进行了合并，并对文字按图书出版要求进行了简单加工。

分论坛的内容主要围绕机动车驾驶教练员职业与道路交通安全展开。中外专家的探讨围绕驾驶安全的主题，重点关注教练员职业在道路交通安全中所起的作用。分论坛主要围绕教练员的价值、教练员的能力水平提升、未来教练员职业的发展方向、交通违法行为监管措施等议题，内容翔实，供读者品读。

分论坛会场

第一节　教练员的价值

Q1：教练员在保障交通安全方面发挥了哪些作用？

A1：（法国嘉宾）我们相信，如果把教练员置于驾校的核心定位，会降低道路交通事故死亡率。

（西班牙嘉宾）Ornikar 在西班牙的运作方式就是建立一个全国性独立教练员网上驾驶培训服务平台。把教练员作为整个驾培业务的中心运营，提高教练员的薪酬水平，帮助教练员获得更多的培训与社会认可。同时给他们提供更大的灵活性、舒适性，给教练员一些技术上的工具，这样教练员就能够把全部精力放在教学上，给学员提供最好的驾驶培训。

做到这些，我们就能更好地去达到道路安全的目标，提升驾驶培训水平，从而减低交通安全事故的死亡率，培养安全文明的驾驶人。

（美国嘉宾）学员之间存在差异，有些学员因其他驾校教练员无法教，而最终转到我们这里。这些学员往往比较难教，学得比较慢。我们在面对这些学员时，不能说你也无法教，需要你付出很多的耐心和时间去教学。

作为教练员，我们不仅要让学员拿到驾照，还要成为有良好安全意识的驾驶人。我们应该对自己有更高的要求，去帮助他们学会安全驾驶。只是将学员拿到驾照作为教练员或驾校管理者的目的，不是特别有意义。仅仅为了赚钱，不全身心地投入，最后的结果一定不尽人意。

西班牙嘉宾做交流发言

Q2：如何建立和提升教练员的职业荣誉感

A2：（美国嘉宾）我从事这个行业35年，商业模式已经发生了很大的变化。之前是薄利多销，而今转为重质量。我们必须让学员认为我们驾校的教练员是最好的，也必须让教练员认为自己在做非常出色的工作。

1. 从自己做起。要培养职业荣誉感，首先需要从个人做起。我们作为学校管理者，需要时刻监督学校的方方面面。如跟学员沟通，打电话。或监督工作人员，看看教练员是否穿着得体。只有这样做我们才能保持高标准工作。不能认为只要学员掌握基本车技就可以放松。要时刻注意他们，防患于未然。我们要透过现象看本质，将标准贯彻到行业和工作之中，如此我们的职业荣誉感才能体现出来。我看到中国有很多驾校都喜欢让教练员穿同样的制服。在美国也如此，希望教练员都穿同样的衣服，通过手册去教学。学员可能换教练，但教学模式不变。不会因为换了教练，教学就发生了变化。所以，培养职业荣誉感，从我做起，才能影响他人。

2. 驾校最重要的资产不是汽车是教练员。10年前我开始管理自己的驾校，当时管理层问了我一个问题，引发了我的深思。他问我：你觉得一个驾校或者一个企业最重要的资产是什么？他们都认为驾校最重要的资产就是汽车，或者这栋楼，基本上是物质的东西。我认为最重要的资产是我们的员工。

我们作为教练员，很容易对学员发脾气，态度不好，或者直接告诉学员要这样做，不能这样做，不解释背后的原因。我觉得教练员要跟学员保持合作的关系，不仅要让他们知其然更要知其所以然。久而久之，教练员就会成为驾校形象与经营理念的名片。

美国嘉宾做交流发言

Q3：如何做好教练员的职业保护？

A3：（美国嘉宾）美国的教练员离职率非常高，如何应对这种情况，我认为职业保护非常关键。一是一定要让教练员知道他们对于驾校是非常重要的；二是在管理机制中体现教练员的重要性。如免费医疗、福利、未来待遇、退休保障、教练员人文环境、课时费等；三是舒适的工作环境。驾驶教练员每天有接近12小时待在车里，可以利用相关的设备为教练员打造先进而舒适的环境。

Q4：您认为教练员的职业道德与诚信重要吗？

A4：（美国嘉宾）能力很重要，人品更重要。驾驶教练员是否正直，很难通过标准去衡量。我们在接触教练员时要看他们到底在想什么。轻易相信别人，也容易被骗。选择教练员应多花时间了解人品。

Q5：请问教练员的工资待遇如何？

A5：（法国嘉宾）为了保证教练员待遇，我们有四个措施：首先，给教练员足够的自由度。工作时间会有更多的灵活性，工作时间会相应地减少。第二，加入Ornikar后，教练员的工资待遇会有提升。第三，对驾校教练员进行持续培训。第四，给他们足够的尊重，给他们很高的地位。

法国有最低工资标准，大概每个月 1400 欧。传统驾校教练员每个月工资比 1400 欧稍高一点。Ornikar 合作教练员可以挣到更多。他们的薪酬按照工作时间计算，一般一个月能挣到 2500 欧元。尤其是绩效工资，他们每小时挣的钱比传统驾校教练员多。传统驾校教练员每小时大概挣 9 欧元，Ornikar 驾校教练员每小时大概挣 17 欧元。

（西班牙嘉宾）我们驾校教练员所取得的证书并不是职业证书。因为驾校教练员与其他教师的工作性质不一样，地位也不太一样。在西班牙，大部分教练员拿到的是临时合同，有时候工资是按半天计。西班牙和法国驾驶教练员都有一个共同的困境：学习周期比较长，工资低，培训难度较大。据了解，最后能够拿到教练员执照的人占所有申请者的 10%。工资也不多，且工作还不稳定。

（美国嘉宾）我们基于教练员的工作时长，每周发一次工资。全职教练员每周工作 40 个小时，前 30 个小时，给教练员每小时 20 美金。如果他们的工作时长超过 30 个小时，超过的费用就变成每小时 60 美金。接的学员越多，工资就越高，所以这会给他们很大的动力。我们也有兼职教练员，如果工作时长 30 个小时，每周大概能有 500 美金的薪酬。我们考核教练员的工作时长，也看工作质量，会控制教练员接的学员数量，尽量一个月不超过 10 个人。

（中国香港嘉宾）我们的教练员大部分是全职。也有兼职的教练员，他们都是我们的退休教练员，不能做很长时间。

我们的教练员有不同的级别：初级教练员、中级教练员、高级教练员。再升一个级别，就是主讲。负责监督教练员怎么样教学员。再升一个级别，就是经理。营运经理要管理一个分校日常的工作。不同级别的教练员每个月的薪酬是不同的。底薪、时薪也不同。

（中国嘉宾俞维林）上海荣安驾校的教练员收入是上海驾培行业第一。不管企业经营好坏，教练员薪酬每年以 10% 的比例增长。荣安驾校教练员年龄是上海驾培行业最年轻的，平均 32 岁。他们的文化程度都是大专以上，本科要占 30%。

中国香港嘉宾做交流发言

第二节　教练员的能力水平提升

Q1：请问在您的国家，教练员是如何进行培训的？

A1：（法国嘉宾）Ornikar 公司在法国一共有合作教练员 2000 名。我们认为如果要实现交通安全、减少道路死亡率，保证教练员质量非常重要。为了实现这个目标，公司从 2010 年开始对教练员进行全面的培训。教练员培训一直不断完善，现在要持续两年，比以前更全面，要求更高，培训价格是 1 万欧。它分为两部分：首先是取得职业资格证书，就是告诉这些教练员如何教别人去驾驶；然后去驾驶学校实习 140 小时，让他们和真正的驾驶教练员交流和学习，以积累实际经验，还要参加 300 小时的培训，这个培训着重安全意识的培养。经过培训之后，教练员质量有很明显的提高。

如果教练员想要加入 Ornikar 网上驾校，成为合作教练的话，还需要经过网上驾校组织的考试，以保证驾校与合作教练有共同的目标。我们目标都是保证道路安全，减少道路死亡率。考试分三部分：笔试、面试和实际驾驶操作考试。成为合作教练后，公司向他们提供终身制持续培训。

法国嘉宾做交流发言

（西班牙嘉宾）西班牙驾驶教练员的培训时长是两年。政府每年会组织报名，学费是 2000 欧元。驾驶教练员培训分为三个阶段：第一，理论和实操。第二，心理学、教学技能、交通法规函授学习。第三，10周的面对面培训。完成三个阶段的培训，就可以取得教练员资格。取得驾驶教练员资格后，可以在西班牙交通总局授权的驾校进行授课。

西班牙嘉宾做交流发言

（中国香港嘉宾）我们学院开发了一套系统教学流程，分四个阶段，每个阶段都有评估、目标等内容。每个教练员都要按照流程去做，课后学员还可以按照本流程温习，同时兼顾因材施教。驾校与教练员相互配合、密切合作、互相补充、互相促进、共同完成，形成一个专业化、职业化的服务团队。

同时，学校每年围绕知识、技巧、态度对教练员进行培训和考试。主要包括课程发展、培训器材应用、最新的法规、公司的管理理念、公司的愿景、驾驶水平、驾驶能力、职业态度等方面内容。

安全驾驶意识是很重要的，我们要尽我们最大的努力让教练员和学员提高安全意识，这是其他培训的基础。

（中国嘉宾俞维林）尽管交通运输部取消了教练员从业资格证，但我们每年写信向上海市人大，通过地方道条规定：凡是在上海从事教练员必须统一报名、体检、培训、考试、发证。荣安驾校给来应聘的教练员又设置了一个门槛，教练员通过了上海考试中心的考试，拿到证后，还要全课程培训1个月。并经过学校3个月左右的考核及格以后，才允许上岗。

Q2：法国驾校教练员培训很贵、耗时较长的原因及解决方法

A2：（法国嘉宾）法国驾校教练员培训很贵，耗时比较长，主要在于教练员人力短缺。法国获取一个驾照很难。驾考的相关监管员也很少，且薪酬不高。

如何应对教练短缺问题，我们想出以下解决办法。如果一个人长期难以就业，我们会让他填一个问卷。给他一份可以选择的工作清单，告诉他未来可以做什么工作，首选就是驾校教练员。

就业中心会帮助或激励更多的失业者去参加培训，成为一名驾校教练员。驾校教练员的培训费是1000欧元，其中就业中心会负担800欧元。

法国嘉宾做交流发言

Q3：教练车是驾校统一提供吗？

A3：（法国嘉宾） Ornikar教练员用的教练车都是教练员自己的车。

Q4：驾校有没有给教练员提供心理培训？还要通过什么考试？

A4：（美国嘉宾）国家在立法层面没有相关的要求。只是看犯罪记录。但驾校会给教练员提供一个包括人格在内的心理测试，看看他是否适合当教练员。每个公司一般情况下，都会判断一个人是否适合做教练员，技术如何。

（中国嘉宾俞维林）我们集团（荣安驾校）下属一个科技公司，和日本一家公司花了4年的时间，研发了一个安全驾驶适应性检测工具，一共有250多个问题，通过半个小时的检测，可以了解测试者的适应能力、安全意识、性格等。凡是我们招聘的管理人员和教练员都要进行这个心理测试，心理测试达不到标准就不会被录用。

第三节　未来教练员职业的发展方向

Q1：教练员从业资格取消后，如何加强对教练员的管理？

A1：（中国嘉宾黄新宇）现在我们更多考虑教练员的职业化、社会化或者通过第三方机构加强对教练员整体素质的提升。

（中国嘉宾牛强）法国是国家就业中心来承担教练员培训这项工作，收费、培训都是通过这个就业中心来产生，中国也可借鉴。

（中国嘉宾刘禹辉）我们的互联网平台计划完成两项工作：一是教学平台。内蒙古的理论教师非常缺乏。在教学平台上，学员可以通过远程教育和现场视频直播的形式学习。我们请最好的专家和学者帮助提升学员的整体安全意识。二是教练员教育平台。我们希望上级管理部门给职业教育一部分资金补助。就像法国就业中心补助800块钱一样，设立一个教练员提升基金，对教练员整体素质进行提升。

（中国嘉宾郝鹏玮）近期交通运输部运输服务司牵头在修改驾培行业的51号部令。部令里对行业今后的发展，包括对教练员的管理已经有了明确的界定。教练员走向国家职业资格时代是一个发展的必然趋势。

5月份国办下发了《国家职业技能提升行动的意见》。《意见》中明确提到对职业技能培训公共服务项目实施目录清单管理。教练员在目录清单之内，按照国家最新的技能提升行动，教练员管理，包括教练员素质提升，实际上有一定的政策依据。

（中国嘉宾黄辉）针对教练员资格的取消，资格中心做出第一反应，就是启用和发展职业技能鉴定制度。对教练员实行职业分级管理。江西教练员总共2.4万人，总量不是很大。我省已经连续多年举办了教练员的技能鉴定考试，累计有一半的人，就是1.2万人参加了技能鉴定，通过的人有五六千左右。对于这样一项非强制、自愿参加的考试来说，能达到这样的一个参考程度已经非常好。通过这个考试参考率，说明技能鉴定这项制度已经获得了教练员的认同，教练员希望通过鉴定考试来证明和提升自己，从而找到职业的归属感和荣誉感。

Q2：如何解决黑驾校、黑教练员问题？

A2：（中国嘉宾闫文辉）我们正在起草关于进一步加强教练员管理的通知。把黑驾校、黑教练制定一个黑名单，用信用管理的方式，强化事中事后的监管。有不安全的行为都纳入黑名单，在网上会公开征求意见。

（中国嘉宾黄辉）一是加强事中的监管。我们启用了部通信中心研发的驾培监管平台，通过这个监管平台把所有的驾校、教练车、教练员以及学员培训的动态学时全部接入进来。利用信息化的平台监管学时，通过这个监管平台，一旦发现有学时造假的情况，相应的学员学时立刻无效。并且将相关的教练员纳入黑名单管理。监管平台不再采信这一名教练员所产生的培训数据。我们把该教练员纳入黑名单库，这个教练员将无法再执教。在培训过程对学员、教练员都要抓拍人脸，让假的教练员、黑的驾驶人无处遁形。

二是加强事后的监管。驾培监管平台先是把驾校的静态信息，比如说资质、教练员方面的信息全部接入过来。学员培训的动态信息，经过运管部门审核通过以后，会实时传输给交管部门考试系统。交管部门再根据学时来接受学员的预约报考。目前这种数据传输是单方面的，因为交管部门相应的数据没有反馈回来，我们现在正在跟交管部门协商沟通，希望把学员取得驾照以后三年内的违法率、事故率、死亡率反馈给我们。我们再做一些数据分析，向社会公布，接受学员和社会的监督。通过运管和交管两个部门的数据共享，以及反馈公开的机制，从而打通信息孤岛。把教练员当中的坏分子请出去，以净化我们的教练员队伍。

Q3：驾校有没有遇到过恶意竞争行为？如何应对？

A3：（中国嘉宾颜建平）浙江温州乐清市总人口138万，教练车辆826辆，年培训的学员2万到2.5万人。从2008年开始，市内几所驾校实行联合培训模式，不恶意竞争，教学比较规范，学费价格一直保持在8000元左右。但是，由于周边的省市驾培市场管理松散，学时监管不严，我市的驾校遭遇其他省市黑驾校的恶意竞争，学员流失严重，学员的培训质量无法保证，严重影响道路交通安全。

（中国嘉宾钟斌）国内驾培市场还处在一个初级阶段。经过前几年爆发式的增长，现在行业出现了一个严重过剩的情况。再加上多头管理，造成行业比较无序、竞争激烈、劣币驱逐良币的现象。应从法律法规入手，从人员素质入手，尽快出台规范市场、规范管理的文件。行业信息的披露，行业资质，包括从业人员资质的认证工作，都可以通过协会来做。

（中国香港嘉宾）驾培行业中有一些同行就喜欢砍价抢生源，对其他同行其实是一个很大的挑战。香港驾校的经营模式，关键在于你的市场定位是否明确。我们（香港驾驶学院）的市场定位就是要提供高质量的驾培服务。所以我们的收费价格比香港其他驾校要高得多。甚至高1倍，有些课程已达2倍。

这是一个非常冒险的商业行为。因为你高收费的背后，就是提供高质量的驾培服务。高质量的驾培服务一定由高水准的教练员提供。培养高水准的教练员就要给教练员提供高水准的环境和待遇。如高工资、专业培训、行业认同等。但这一切教练员自己不能独立实现，需要驾校去雇佣他、请他，给他一个地方、车辆和保障。

我们提供高质量的驾驶培训，吸引了很多愿意付钱选择高质量驾驶培训的学员。我们在香港的驾培行业的成功，是我们做了35年，一步一步走过来的。培训课程的价格有高有低，质量肯定也有差距，可是驾驶培训和买东西不一样，学员拿到驾照后就会影响到道路交通安全。所以在这个方面一定确保：第一，考试标准一定要达到。即考试要把关。第二，有内涵的高质量课程。提供高质量的驾驶培训，我们投资在了教练员身上。他们（教练员）的培训、车辆、职业晋升、职业发展等，整个投入非常大。一个教练员不仅在你的驾校做一个教练员，60岁后的退休养老保障你也要负责。为此你要扩展你的商业渠道。经营驾校尽管很辛苦，但坚持下去，走过来了，高品质的培训质量一定让你在市场中立于不败之地。

（中国嘉宾俞维林）驾校既要追求经济效益，又要承担社会责任。作为企业，要闯出自己的一条路，就要靠安全和诚信。2008年我们荣安驾校在全国1万多所驾校当中先行推行先学后付模式。学员自主选择教练员，自主选择培训时间，自主选择考试时间。买方市场倒逼企业必须强化自身管理，提高教练员整体素质。

Q4：公安、交通部门如何进一步加强沟通协作？

A4：（中国嘉宾黄新宇）通过这几届国际论坛，我们了解到，在许多国家，驾培行业是由一个部门来管理的。中国在体制机制上还存在着一些差距，建议交通运输部和公安部进一步加强沟通协作，进一步做好顶层设计，进一步规范国家的驾培行业管理。

（中国嘉宾胡莹）湖南省运管局和省交警总队联合发文，驾校可以委托驾培协会对新教练员进行培训，并发放教练员识别卡，教练员资格培训基本上是延续原来的培训模式和经验。

(中国嘉宾安徽交警) 我们交管部门每个月都会把三年内的事故率、违法率抄送给当地的交通运管部门。而且随着 2018 年、2019 年连续两年公安部门 30 项“放管服”措施的落地，运管部门和公安部门的配合应当是越来越加强的。

(中国嘉宾刘禹辉) 内蒙古考试部门和培训部门的平台已经全部联网了。根据实时数据，内蒙古共有 1644 所驾校，教练员总数 18286 人，在线培训 444046 人，教练车总数 11559 辆。通过对数据的分析，可以给管理部门制定政策和企业的发展提供一个好的依据。

(中国嘉宾黄辉) 分享一下江西的经验，去年江西通过新修订的《江西道路运输条例》，在《条例》里明确了一项制度，驾考约考前必须要查看学时。今年 2 月江西全省实现了运管和交管学时对接。如果学员的学时不够或者存在学时造假，就无法约考。学时对接后，小驾校再也不能无底线地去缩短学时，再也不能无底线地降价招生了，这对行业是有好处的。

Q5：新技术（机器人教练）对驾校的影响

A5：(美国嘉宾) 勇敢面对、不断创新。昨天有嘉宾探讨新技术问题，事物在变化，我们必须适应变化。我们给自己的教练员提供最先进的技术和手段，并且告诉他们哪些教学理念是最有用的。将来汽车可能会飞上天，或实现无人驾驶。但我认为人总会有工作去做，只有不断创新，才能适应新的环境、新的发展。不要让恐惧去遏制我们的创新，我们一定要勇敢面对。

(中国嘉宾马宏) 机器人教练员已经很成熟。机器的道德和轨迹的道德更靠谱。也不需要搞职业保护，什么温度都能受得了。而且他会越来越聪明，越来越安全，经验越来越丰富。我们现在已经使用 1000 多台，相当于 1000 个的教练员。在智能驾驶时代，中国的驾培行业一定会走到世界的前列。

(中国香港嘉宾) 内地的法规跟香港不同。我举一个例子，会场门口有一个大的模型，这个大的模型就是无人驾驶训练场地。就是用现代的科技，没有教练员在旁指导下，教他停车、倒车入库。目前在香港不可能实现，因为在香港如果车里有学员开车，旁边没有教练员就是违法。

第四节 交通违法行为监管措施

Q1：法国交通违法行为是如何监管的？

A1：（法国嘉宾）根据法国的制度，驾驶机动车不礼让行人是要被扣分的。但近年来，这条制度并没有被严格执行，行人并没有享受到这条制度带来的实质性好处。路边的测速雷达自1999年就开始遭到破坏，致使交通事故的数量增加了17%。

50年前法国不存在全国汽车登记、汽车档案管理，政府无法对交通违法行为进行处罚。1974年7月开始，交通部门每月平均开具80万份罚单，每个罚单金额在15～30法郎之间，折合人民币20～40元。处理一起违法事件需要三个月时间，导致约600万份罚款单属于待处理状态。1975年，法国发布新规章，大幅度上调罚金数额，并将处理一起违法事件的时间缩短到一个月，效果立竿见影，罚单数量减少了一半。因此，对交通违法行为进行处罚能有效降低交通事故数量。

Q2：法国政府车辆处罚的历史演变

A2：（法国嘉宾）原来的罚单是纸质的，如果罚单是粉色就是不当驾驶行为，如果是绿色就是违法停车。想要付罚金需要粘贴特殊的邮票。总之，整个纸质处罚过程很复杂，容易出错，实施起来有难度。

1994年国家开始建立汽车档案，要求全法国所有汽车进行登记注册。登记信息包括：车主、车辆特征信息、特别信息（被盗、损毁）、变更信息、国家车辆识别码等。是汽车管理走向自动化、数字化的第一步。每隔2公里设置一个雷达，雷达根据汽车运动时差和距离由电脑自动计算出平均速度。如果汽车超速就要罚款。雷达能识别出经过车辆的车牌号码及相关信息，包括是不是被盗车辆、有没有上保险、有没有违法停车等。一旦识别出车辆有违法行为，立刻就能通过书面方式把违法信息发送到车主本人。

法国最新的雷达系统，2012年开始实施，部分路段已经安装。雷达被安装在一个4米高的地方，可以监测到200米以内的信息，能看到8条车道上的情况，非常灵敏有效。可以根据不同车型监控其不同限速，可以监测闯红灯、车辆之间的安全距离、超速的车辆、使用应急车道的车辆，一些其他的违法驾驶行为，也能监测出来。

Q3：请举例说一下法国对交通的监管措施及效果

A3：（法国嘉宾）尼斯市处罚力度比较大，现在交通情况非常好，全市大约有2350个摄像头，其中有170个摄像头安装在有轨电车中，摄像头不单是用来监测车辆的，还可以监测车里人们的行为。

巴黎市发出的罚款单主要是针对占用公交车专用道、停车阻碍交通、闯红灯、不系安全带和占用自行车专用道等违法行为。其中71%的罚款都是因为占用公交车专用道，每天大约有400起。

Q4：法国交通监管改革成效

A4：（法国嘉宾）1973年法国开始强制使用安全带和头盔，当年交通事故致16881人死亡；

1974年法国规定高速公路限速110公里／小时；

1983年执行酒驾规定；

1990年进行城市限速50公里／小时；

1991年对高速公路行车提出了一些规定；

1992年开始对驾照进行积分制；

2003年雷达监控付诸实施。

2013年、2016年、2017年、2018年每年交通事故造成的死亡人数是分别是3268人、3477人、3488人、3259人。其中2013年死亡人数最少，往后几年由于驾驶人行为不当，造成事故起数和死亡人数上升。2019年政府对监管措施和罚款政策做了一些改变，死亡人数降到了比2013年更低。从这里能看出罚款和监管政策对道路安全是有一些积极影响的。

法国嘉宾做交流发言

第六章

“中国车驾管历史回眸展”掠影

本届论坛将延续中国车驾管历史回眸展，展出多件珍贵藏品，包括迄今发现的中国最早汽车驾驶证、人民公安颁发的最早汽车驾驶证、新中国成立后各代汽车驾驶证、学习驾驶合约、学习驾驶师徒合同、学习驾驶申请登记考验书等，系统地回顾中国汽车驾驶培训及驾驶证制度的变迁历程。

“中国车驾管历史回眸展”展品图片由公安部交通管理科学研究所刘志刚、张赟提供。

第一节　驾驶人资格审核

报名登记是取得驾驶资格的第一步，管理部门除了要登记报名者的相关信息，还要严格审核报名者的身体状况等前置审批内容。

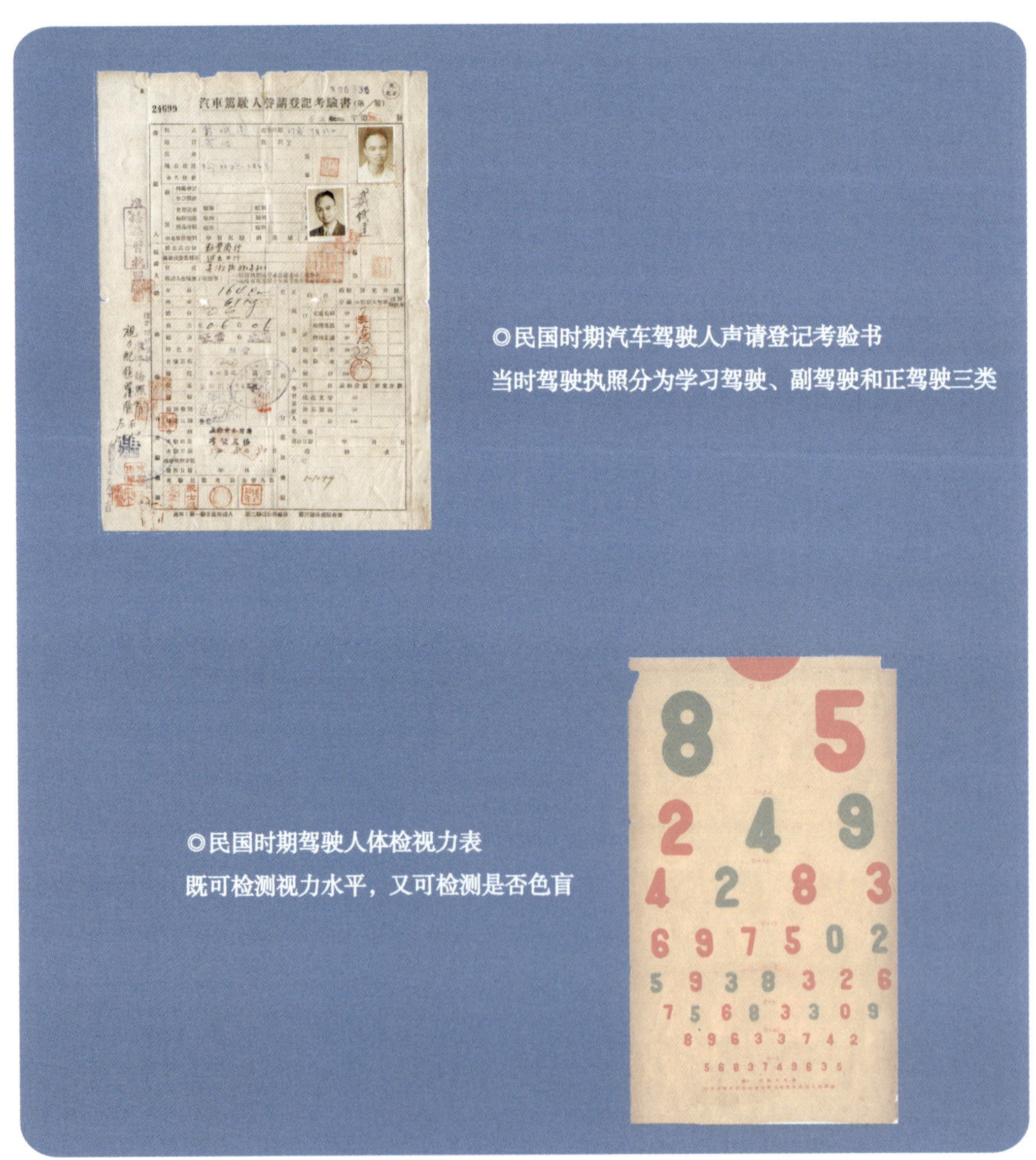

◎民国时期汽车驾驶人声请登记考验书

当时驾驶执照分为学习驾驶、副驾驶和正驾驶三类

◎民国时期驾驶人体检视力表

既可检测视力水平，又可检测是否色盲

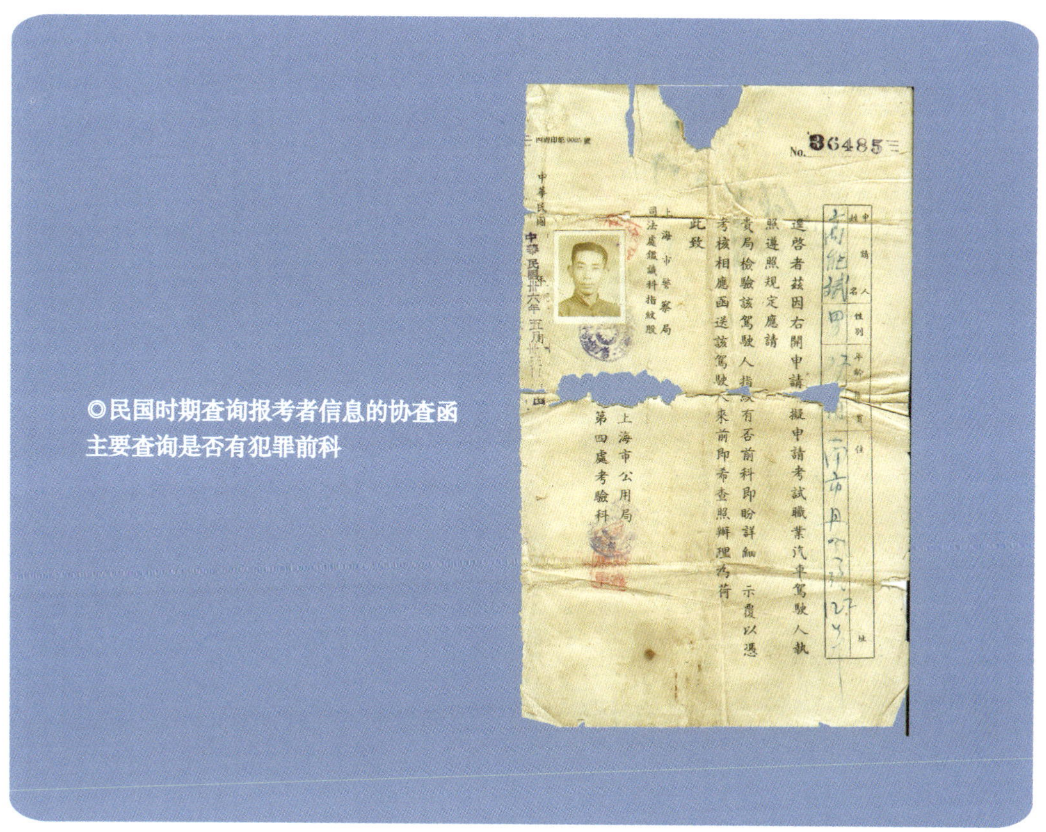

No. 36485

申請人 姓名 | 性別 | 年齡 | 籍貫 | 住址

逕啓者茲因右開申請 擬申請考試職業汽車駕駛人執照遵照規定應請 貴局檢驗該駕駛人指紋有否前科即盼詳細 示覆以憑考核相應函送該駕駛人來前即希查照辦理為荷

此致

上海市警察局司法處鑑識科指紋股

上海市公用局第四處考驗科

中華民國 卅六年 五月

◎民国时期查询报考者信息的协查函
主要查询是否有犯罪前科

第二节　驾驶人培训

培训驾驶技能主要有专门机构培训和“师傅带徒弟”两种培训方式

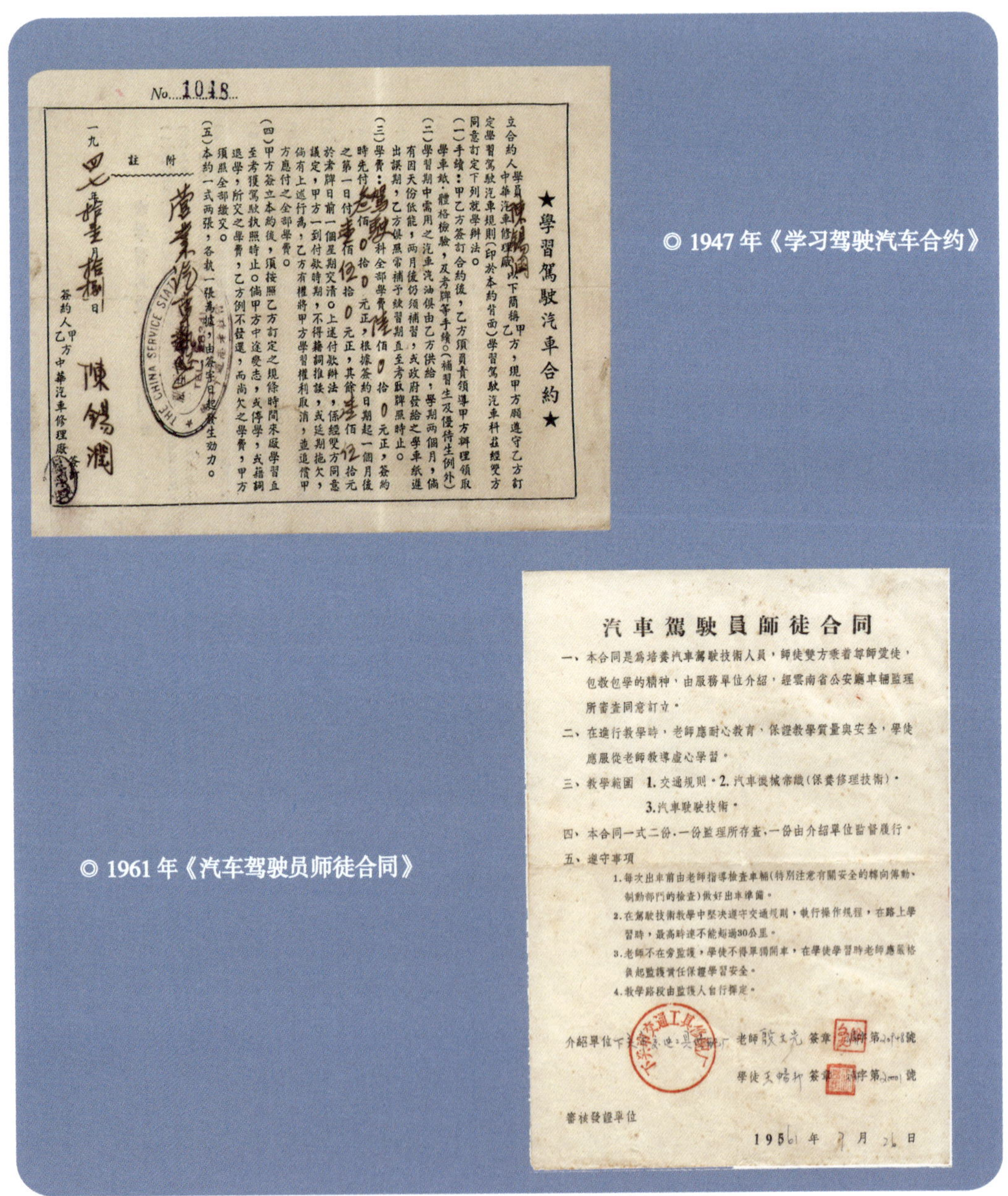

No. 1018

★學習駕駛汽車合約★

立合約人學員 陳錫潤 中華汽車修理廠 以下簡稱甲/乙方，現甲方願遵守乙方訂定學習駕駛汽車規則（印於本約背面）學習駕駛汽車科並經雙方同意訂定下列就學辦法。

（一）手續：甲乙方簽訂合約後，乙方須負責領導甲方辦理領取學車紙，體格檢驗，及考牌等手續。（補習生及優待生例外）

（二）學習期中需用之汽車汽油俱由乙方供給，學期兩個月，倘有因天份低能，兩月後仍須補習，或政府發給之學車紙逾出誤期，乙方俱照常補予練習期直至考取牌照時止。

（三）學費：駕駛科全部學費陸佰〇拾〇元正，簽約時先付[illegible]佰〇拾〇元正，根據簽約日期起一個月後之第一日付[illegible]佰〇拾〇元正，其餘[illegible]佰[illegible]拾元於考牌日前一個星期交清。上述付款辦法，係經雙方同意議定，甲方一到付款時期，不得藉詞推諉，或延期拖欠，倘有上述行為，乙方有權將甲方學習權利取消，並追償甲方應付之全部學費。

（四）甲方簽立本約後，須按照乙方訂定之規條時間來廠學習直至考獲駕駛執照時止。倘甲方中途變志，或停學，或藉詞退學，所交之學費，乙方例不發還，而尚欠之學費，甲方須照全部繳交。

（五）本約一式兩張，各執一張為據，由簽字日起發生効力。

附註

一九四七年[illegible]月[illegible]日

簽約人 甲方 陳錫潤

乙方 中華汽車修理廠 簽章

◎ 1947 年《学习驾驶汽车合约》

汽車駕駛員師徒合同

一、本合同是為培養汽車駕駛技術人員，師徒雙方秉着尊師愛徒，包教包學的精神，由服務單位介紹，經雲南省公安廳車輛監理所審查同意訂立。

二、在進行教學時，老師應耐心教育，保證教學質量與安全，學徒應服從老師教導虛心學習。

三、教學範圍 1.交通規則。2.汽車機械常識（保養修理技術）。3.汽車駕駛技術。

四、本合同一式二份，一份監理所存查，一份由介紹單位監督履行。

五、遵守事項

1.每次出車前由老師指導檢查車輛（特別注意有關安全的轉向傳動、制動部門的檢查）做好出車準備。

2.在駕駛技術教學中堅決遵守交通規則，執行操作規程，在路上學習時，最高時速不能超過30公里。

3.老師不在旁監護，學徒不得單獨開車，在學徒學習時老師應嚴格負起監護責任保證學習安全。

4.教學路段由監護人自行擇定。

介紹單位 下關交通工具修配廠 老師 [illegible] 簽章 執照字第 [illegible] 號

學徒 [illegible] 簽章 執照字第 [illegible] 號

審核發證單位

1961 年 7 月 26 日

◎ 1961 年《汽车驾驶员师徒合同》

学习驾驶的学员经培训合格后方可取得修业、毕业或结业资格。

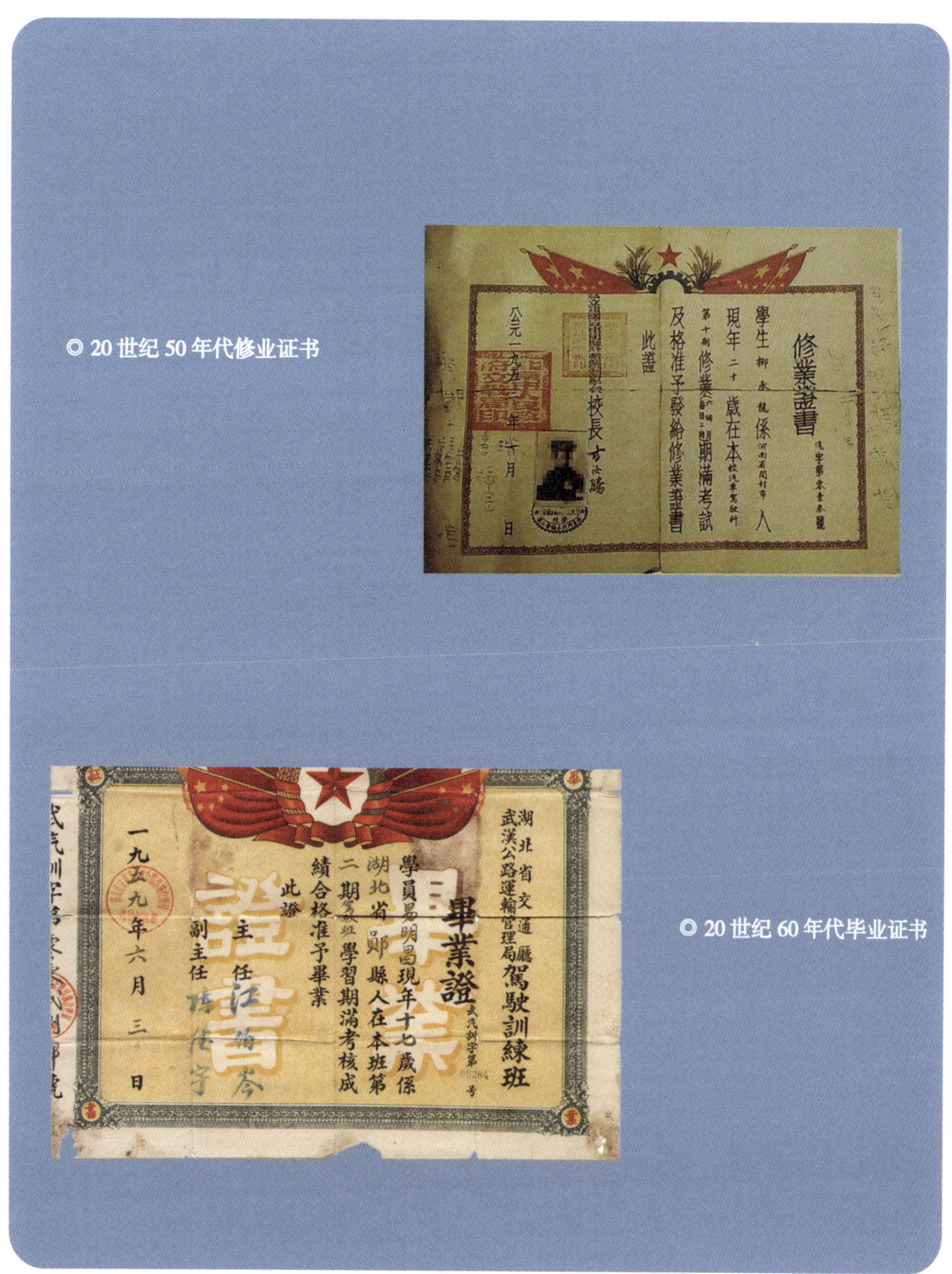

◎ 20 世纪 50 年代修业证书

◎ 20 世纪 60 年代毕业证书

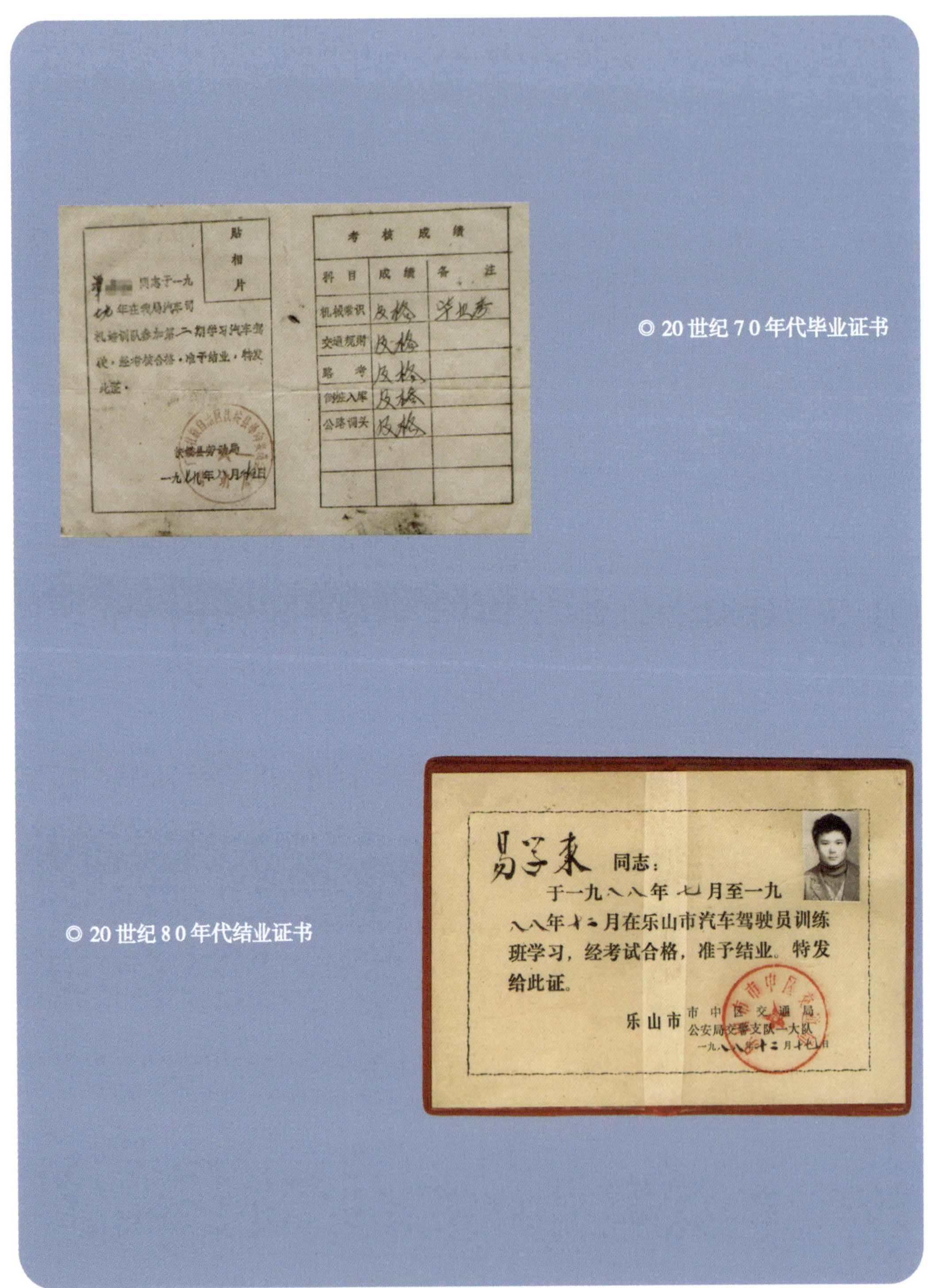

贴相片

同志于一九 年在 汽车司机培训队参加第二期学习汽车驾驶，经考核合格，准予结业，特发此证。

劳动局

一九 年 月 日

考核成绩

科目	成绩	备注
机械常识	及格	[illegible]
交通规则	及格	
路考	及格	
倒桩入库	及格	
公路调头	及格	

◎ 20世纪70年代毕业证书

易学来 同志：

于一九八八年七月至一九八八年十二月在乐山市汽车驾驶员训练班学习，经考试合格，准予结业。特发给此证。

乐山市 市中区交通局
公安局交警支队一大队

一九八八年十二月十七日

◎ 20世纪80年代结业证书

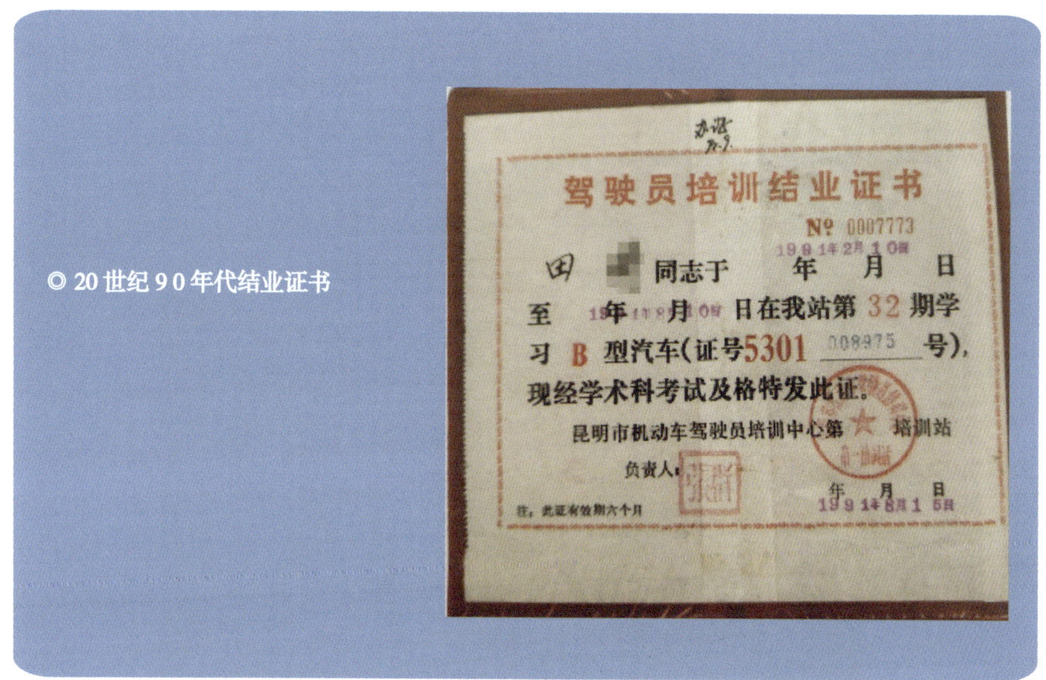

驾驶员培训结业证书

№ 0007773

田　　同志于 1991年2月10日

至 1991年8月10日在我站第32期学

习B型汽车(证号5301 008975 号),

现经学术科考试及格特发此证。

昆明市机动车驾驶员培训中心第　培训站

负责人：

1991年8月15日

注：此证有效期六个月

◎ 20世纪90年代结业证书

第三节 驾驶人考验

驾驶人考验是了解驾驶人的驾驶水平和交通安全意识的重要环节。

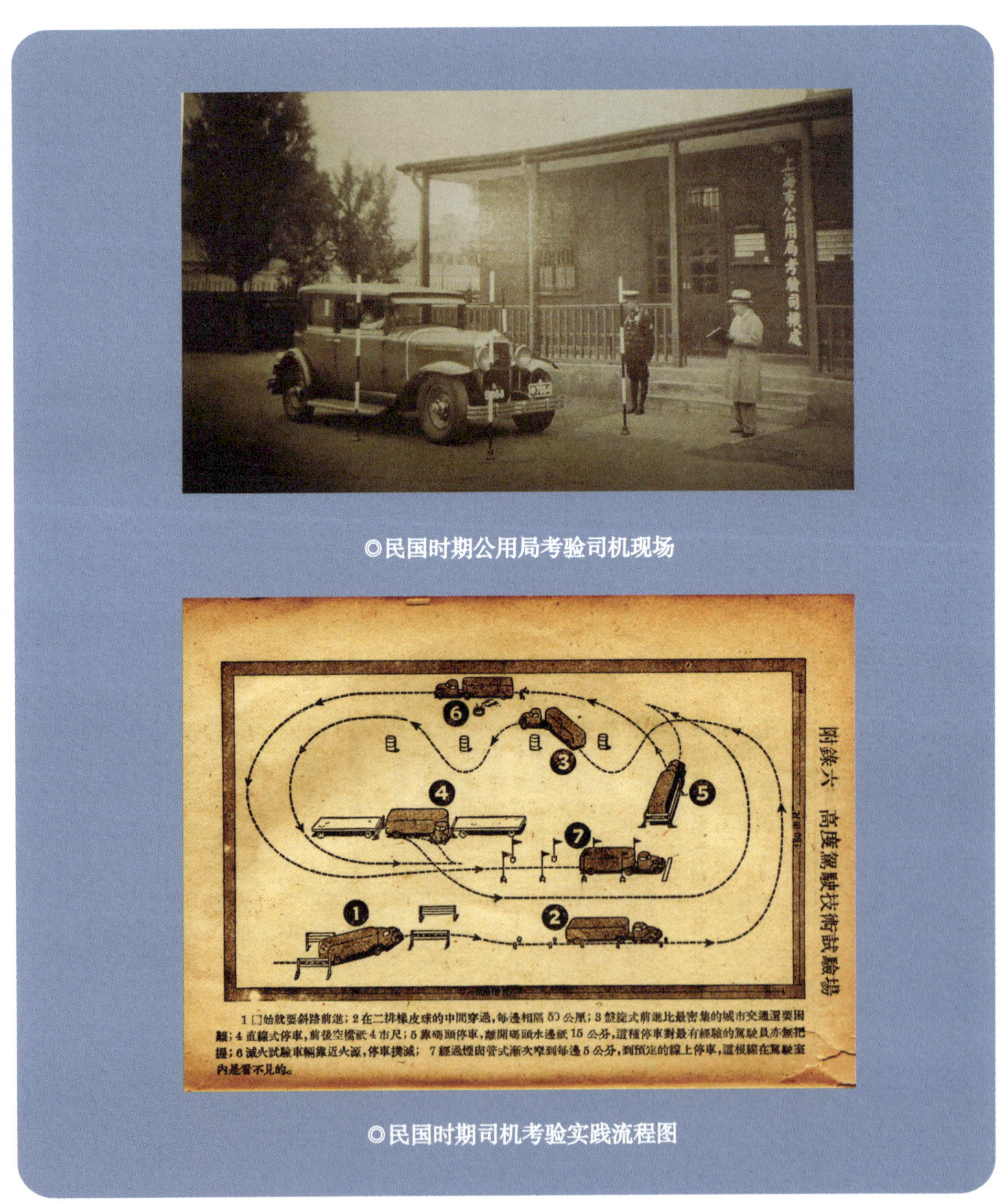

◎民国时期公用局考验司机现场

◎民国时期司机考验实践流程图

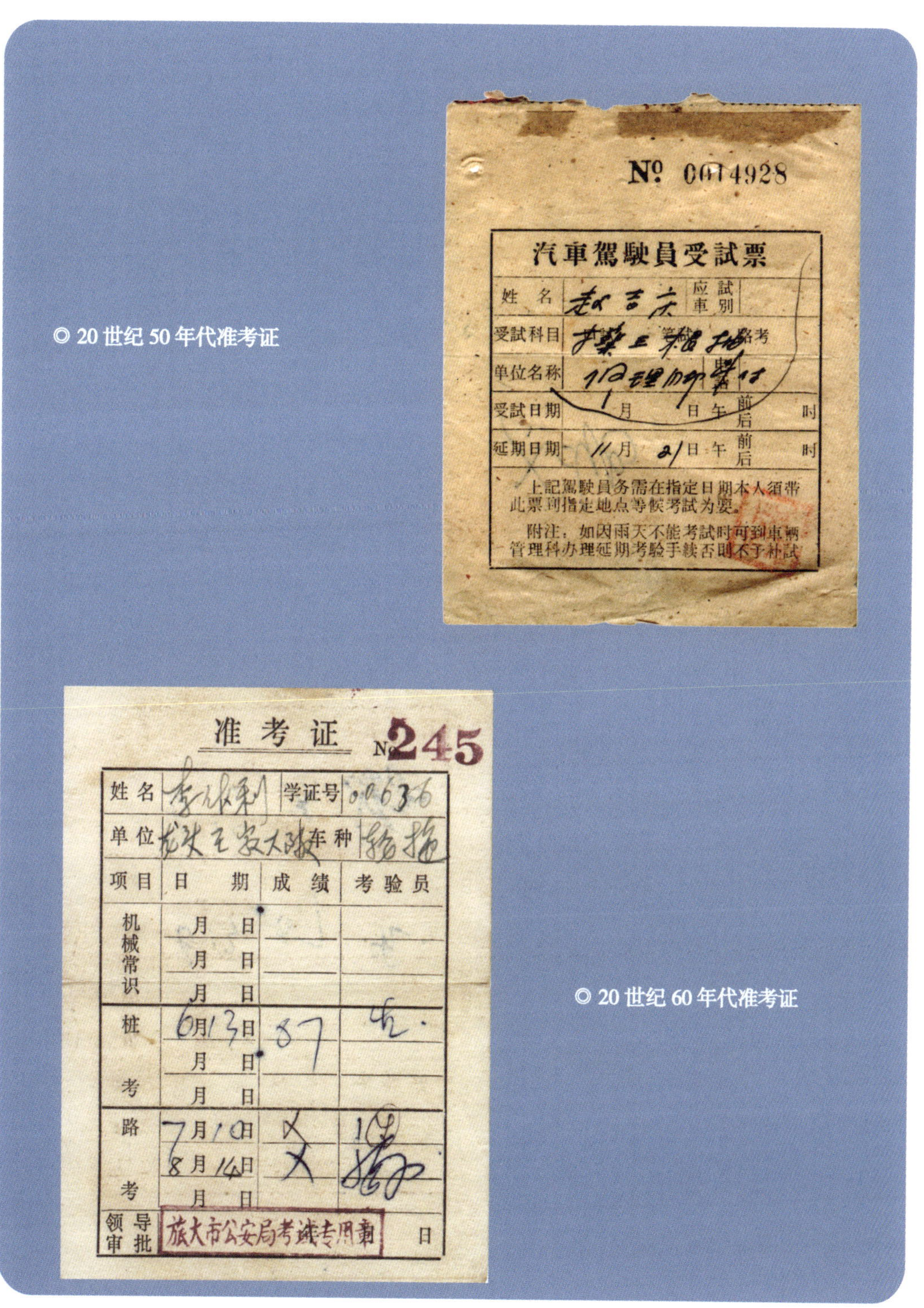

№ 0014928

汽車駕駛員受試票

姓名		应試車別	
受試科目		路考	
单位名称			
受試日期	月 日 午 前/后 时		
延期日期	11月 21日 午 前/后 时		

上記駕駛員务需在指定日期本人須帶此票到指定地点等候考試为要。

附注：如因雨天不能考試时可到車辆管理科办理延期考验手续否則不予补試

◎ 20 世纪 50 年代准考证

准考证 №245

姓名		学证号	
单位		车种	

项目	日期	成绩	考验员
机械常识	月 日		
	月 日		
	月 日		
桩考	6月13日	87	
	月 日		
	月 日		
路考	7月10日		
	8月14日		
	月 日		
领导审批	旅大市公安局考试专用章		日

◎ 20 世纪 60 年代准考证

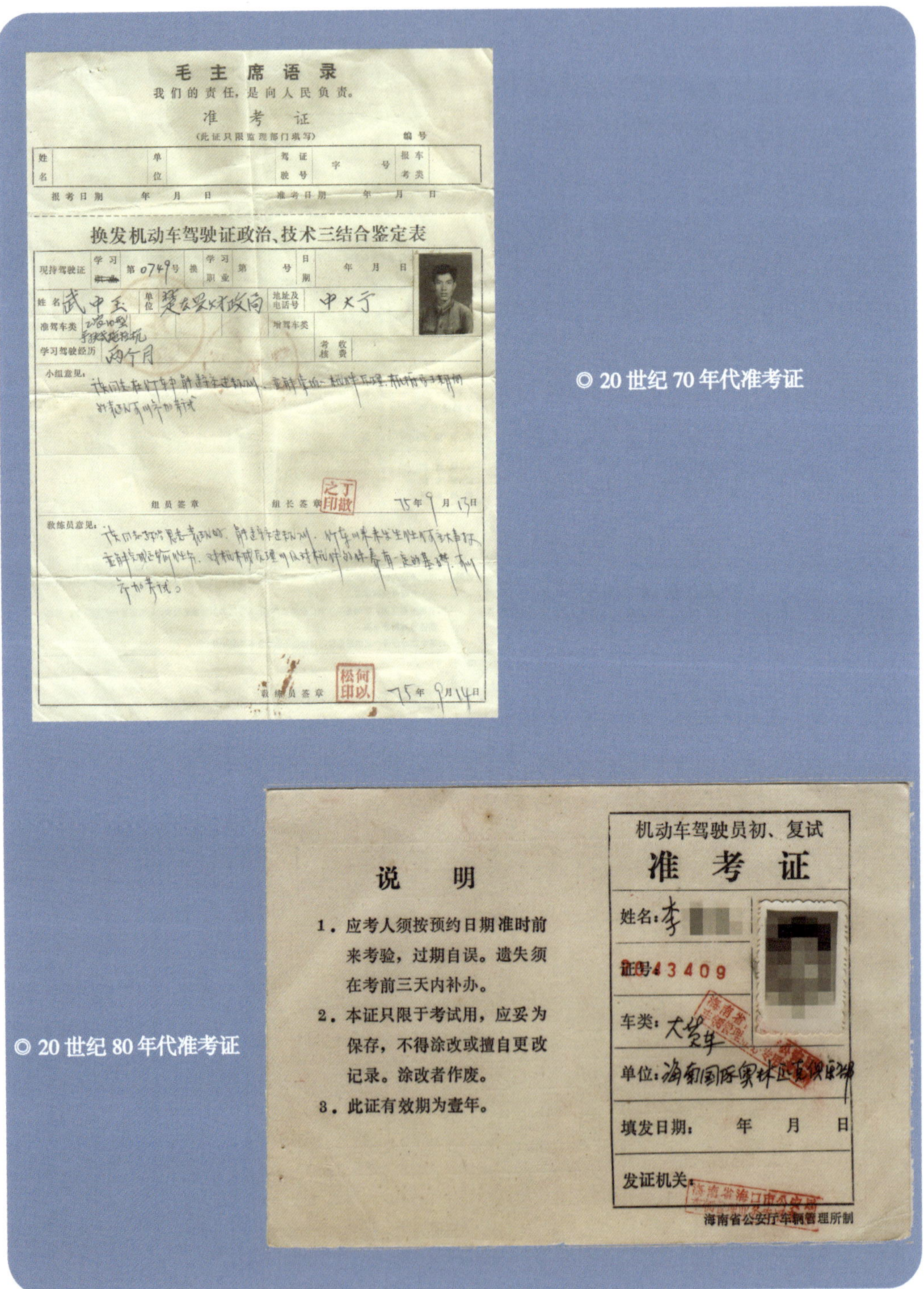

毛主席语录

我们的责任，是向人民负责。

准考证

（此证只限监理部门填写）　　编号

姓名		单位		驾证号	字　号	报考车类	

报考日期　年　月　日　　准考日期　年　月　日

换发机动车驾驶证政治、技术三结合鉴定表

现持驾驶证	学习	第0749号	换	学习 职业	第　号	日期	年　月　日
姓名	武中玉	单位		地址及电话号			
准驾车类				增驾车类			
学习驾驶经历	两个月			考核	收费		

小组意见：

组员签章　　组长签章　　75年9月13日

教练员意见：

教练员签章　　75年9月14日

◎ 20世纪70年代准考证

说　明

1．应考人须按预约日期准时前来考验，过期自误。遗失须在考前三天内补办。

2．本证只限于考试用，应妥为保存，不得涂改或擅自更改记录。涂改者作废。

3．此证有效期为壹年。

机动车驾驶员初、复试

准考证

姓名：李

证号：43409

车类：大货车

单位：

填发日期：　年　月　日

发证机关：

海南省公安厅车辆管理所制

◎ 20世纪80年代准考证

第四节 发证管理

20 世纪初，引进中国的汽车数量逐渐增多，汽车安全问题越来越突出，引起了管理部门的重视。京师警察厅开全国先河推出了汽车司机人执照，这是中国第一代汽车驾驶执照。

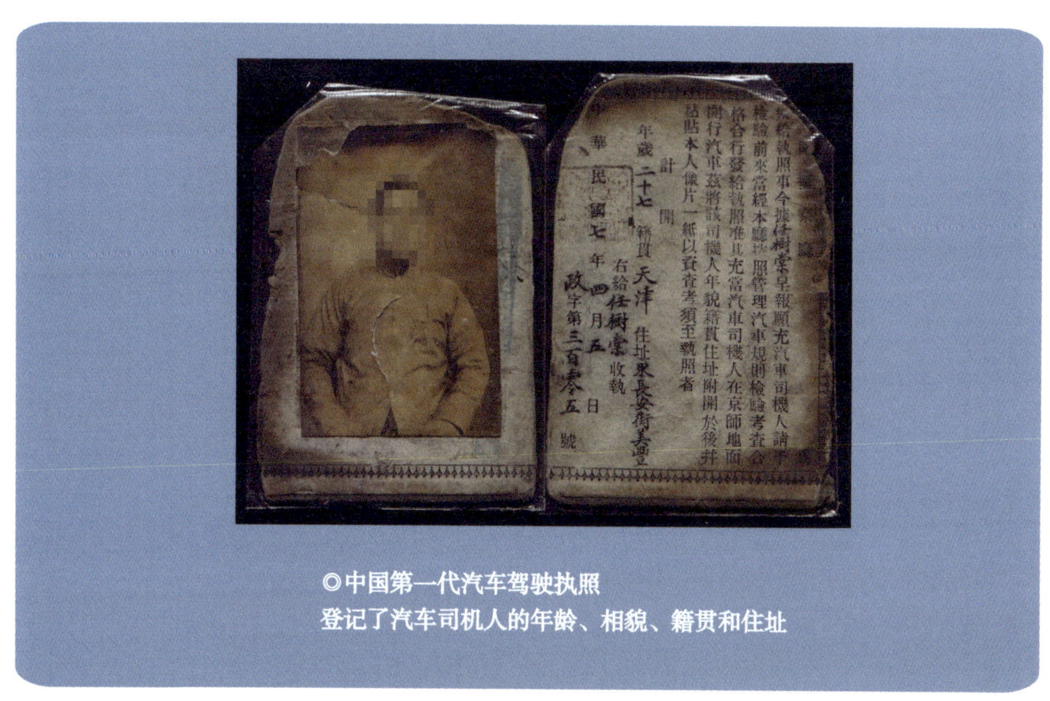
給執照事今據任樹棠呈報願充汽車司機人請予
檢驗前來當經本廳按照管理汽車規則檢驗考查合
格合行發給執照准其充當汽車司機人在京師地面
開行汽車茲將該司機人年貌籍貫住址附開於後并
粘貼本人像片一紙以資查考須至執照者
計開
年歲 二十七 籍貫 天津 住址 東長安街美豐
右給 任樹棠 收執
中華民國七年四月五日
政字第三百零五號

◎中国第一代汽车驾驶执照
登记了汽车司机人的年龄、相貌、籍贯和住址

20 世纪 20 年代末，上海、辽宁等一些汽车较多的城市相继制定了针对汽车驾驶执照管理的规定，但是各地驾驶执照的样式各不相同。这一时期的汽车驾驶证是中国第二代汽车驾驶执照。

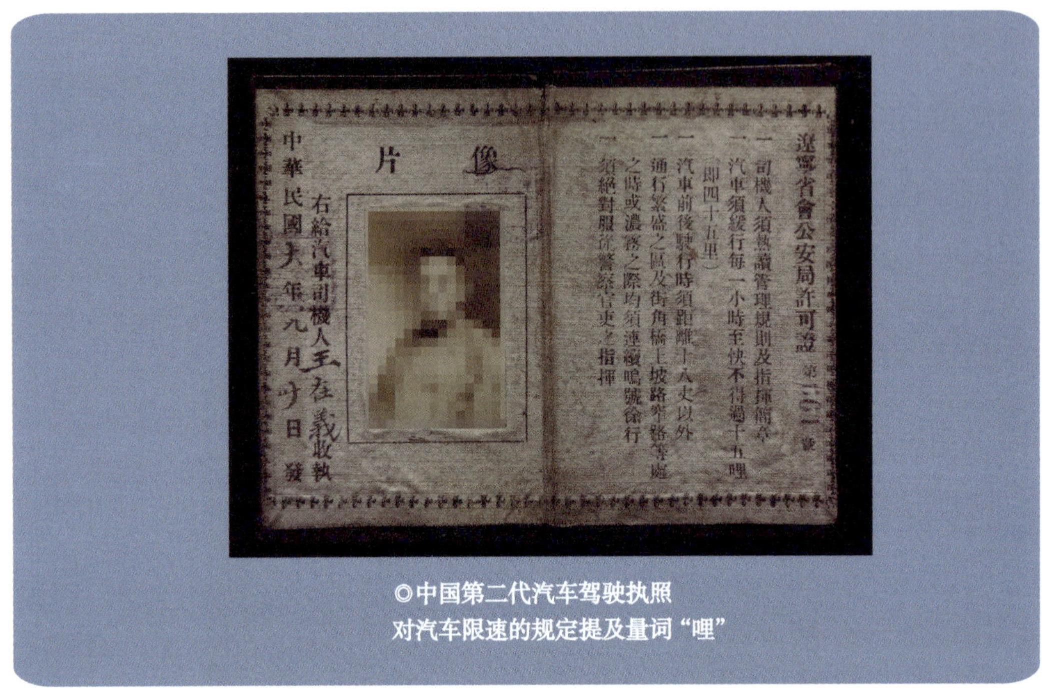

◎中国第二代汽车驾驶执照
对汽车限速的规定提及量词“哩”

民国二十一年，苏浙皖京沪五省市交通委员会成立，先后制定了《汽车驾驶人执照统一办法》等规定，使汽车驾驶人执照实现了跨省市的统一，这是中国第三代汽车驾驶执照。

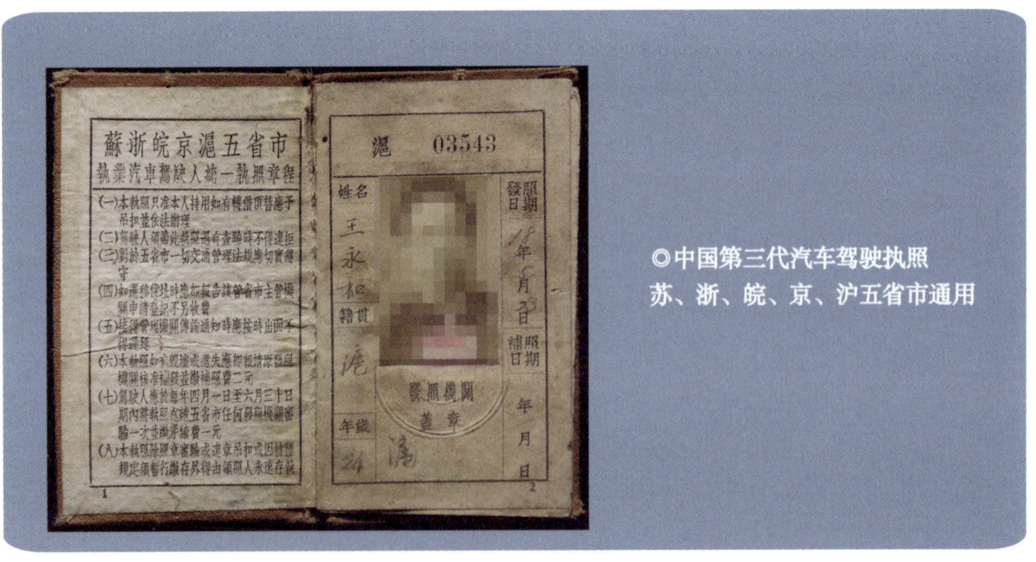

◎中国第三代汽车驾驶执照
苏、浙、皖、京、沪五省市通用

民国二十五年，全国公路交通委员会成立，在中央未设置交通监理专管机构的情况下，其起到了代替中央统一业务领导和对各地进行业务监督的作用。为便于汽车在全国范围内互通，全国公路交通委员会规定了全国统一的驾驶人执照样式，将其分为普通和职业两类，这是中国第四代汽车驾驶执照。

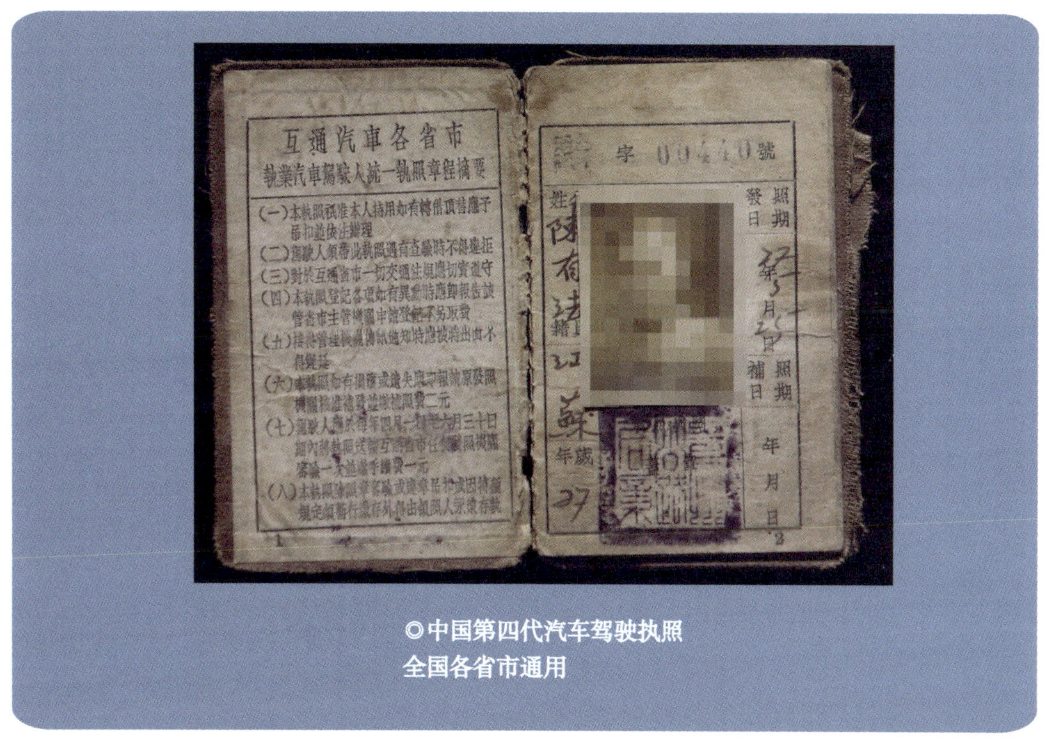

◎中国第四代汽车驾驶执照
全国各省市通用

民国二十八年，第一个全国统一的汽车驾驶人管理法规《汽车驾驶人规则》施行，规定汽车驾驶人执照由交通部牌照主管机关统一制发，分为普通汽车驾驶人执照、职业汽车驾驶人执照、学习汽车驾驶人执照、试车驾驶人执照、临时汽车驾驶证共 5 类，这是中国第五代汽车驾驶执照。

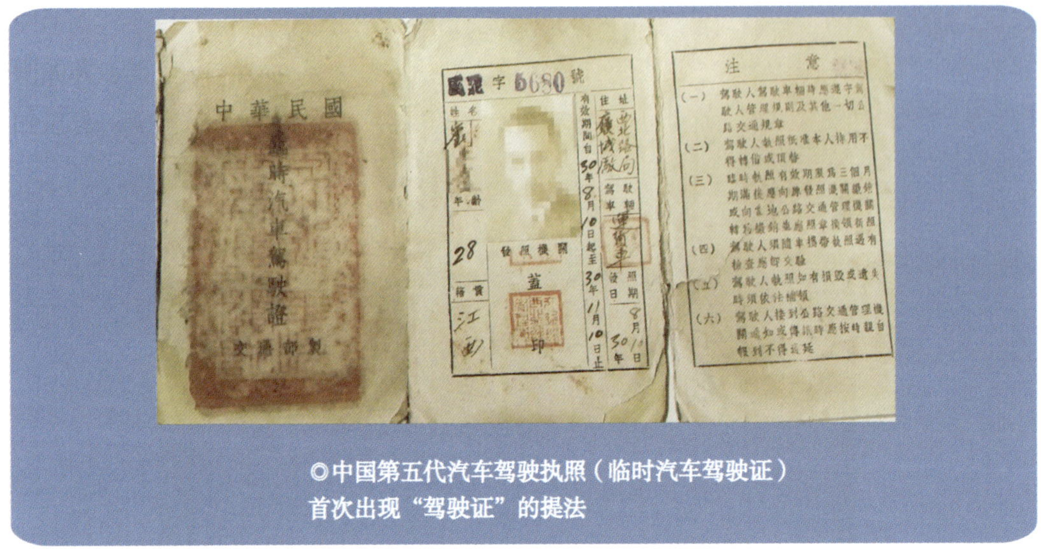

◎中国第五代汽车驾驶执照（临时汽车驾驶证）
首次出现“驾驶证”的提法

民国三十四年公布的《汽车管理规则》，规定驾驶人须经各监理所考验合格，报请中央公路管理机关核发执照后，方准驾驶或学习驾驶汽车并将驾驶人执照分为学习驾驶人、职业驾驶人、普通驾驶人共3类，这是中国第六代汽车驾驶执照。

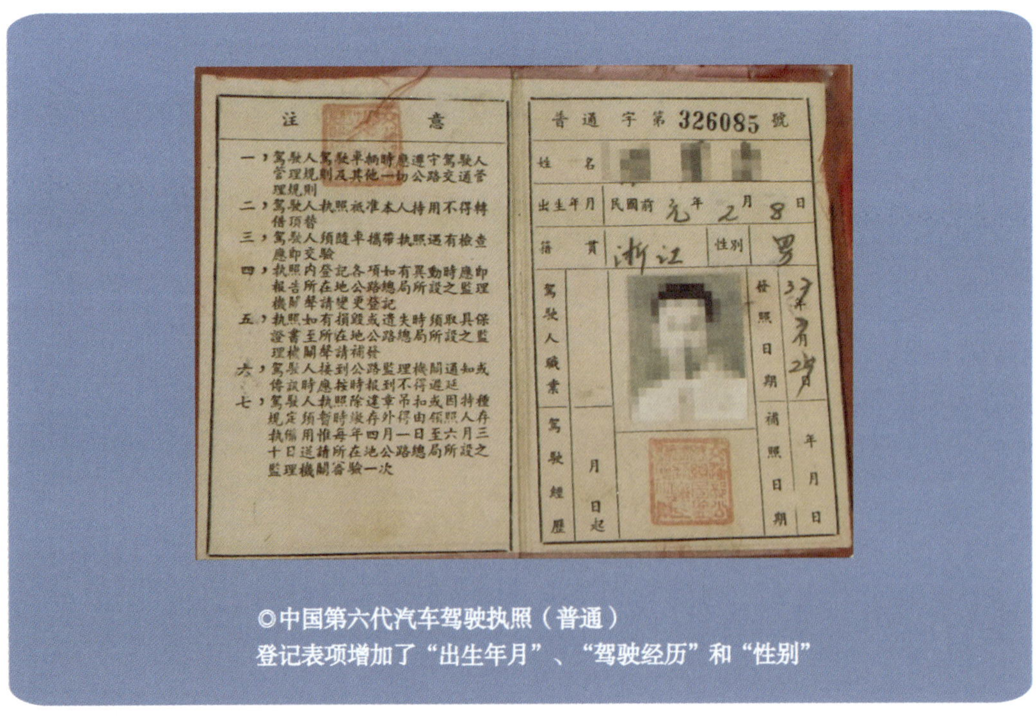

◎中国第六代汽车驾驶执照（普通）
登记表项增加了“出生年月”、“驾驶经历”和“性别”

民国三十六年公布的《汽车管理规则》，将驾驶人执照分为正驾驶、副驾驶学习驾驶共 3 类，规定驾驶人开始学习驾驶时考领学习驾驶执照，学习满六个月以上者考领副驾驶执照，充任副驾驶两年以上者考领正驾驶执照，这是中国第七代汽车驾驶执照。

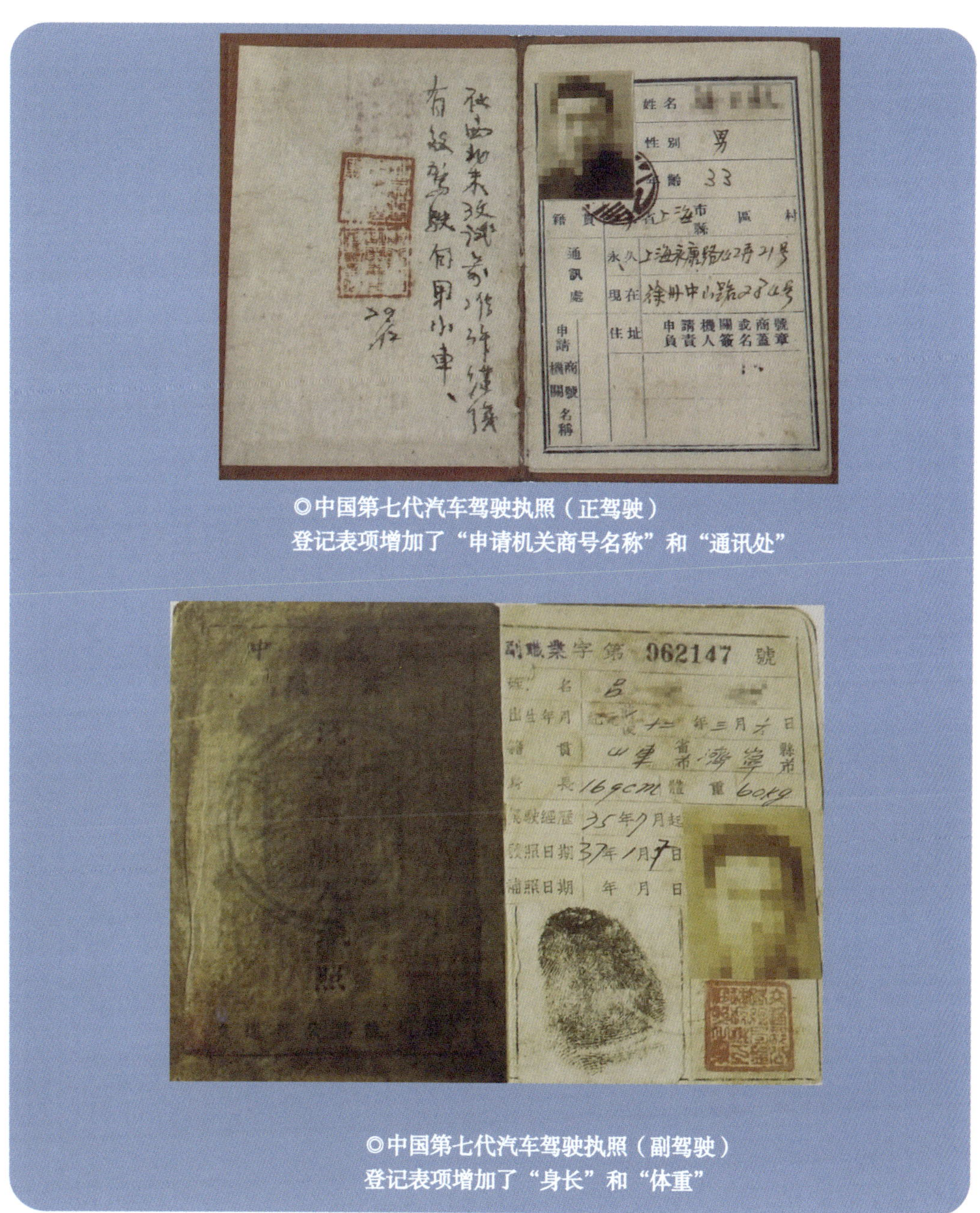

◎中国第七代汽车驾驶执照（正驾驶）
登记表项增加了“申请机关商号名称”和“通讯处”

◎中国第七代汽车驾驶执照（副驾驶）
登记表项增加了“身长”和“体重”

1950 年 3 月 20 日，政务院批准公布的《汽车管理暂行办法》和同年 7 月交通部发布的《汽车管理暂行办法实施细则》，将机动车驾驶执照分为普通、职业、学习共 3 类，这是中国第八代汽车驾驶执照。

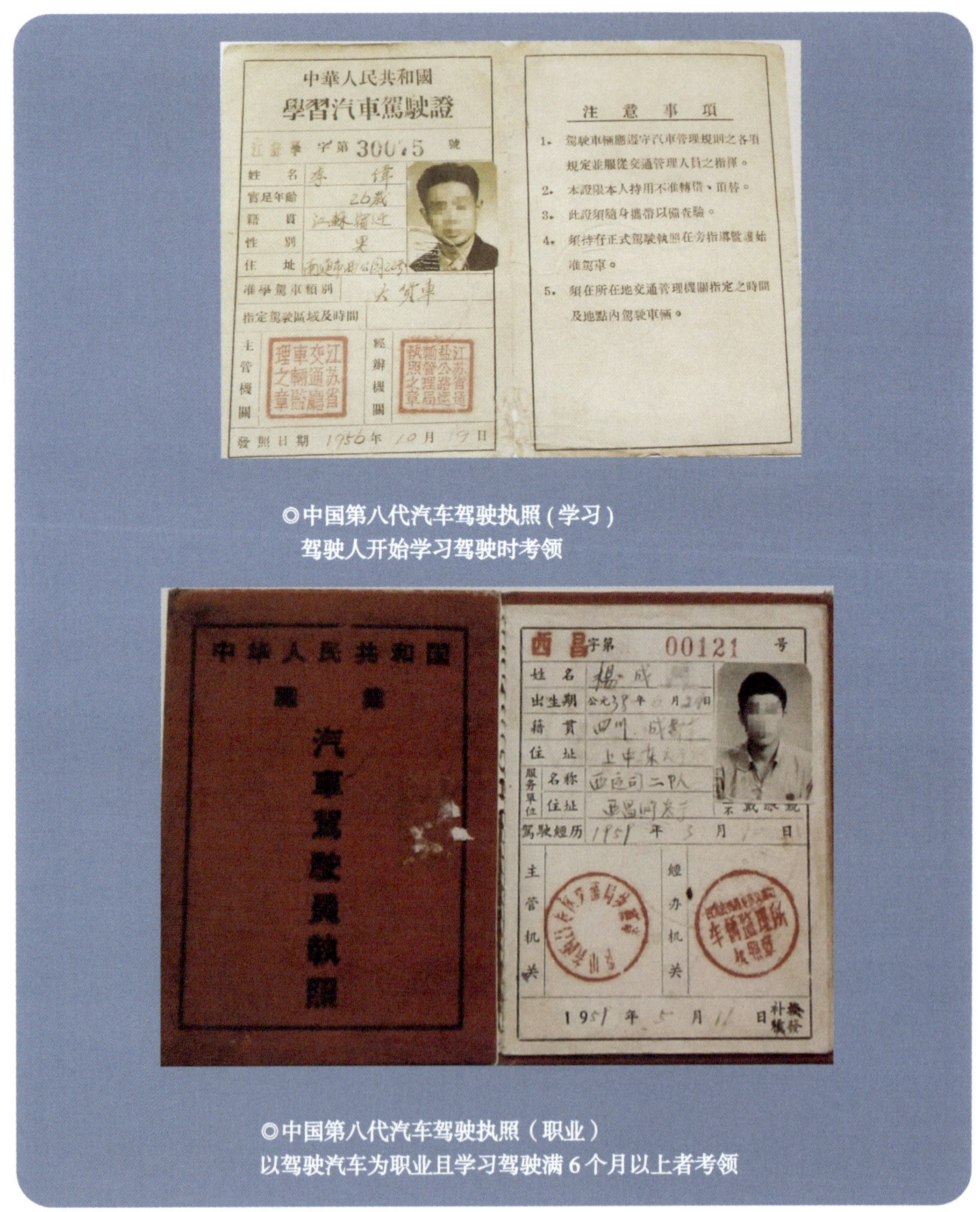

◎中国第八代汽车驾驶执照（学习）
驾驶人开始学习驾驶时考领

◎中国第八代汽车驾驶执照（职业）
以驾驶汽车为职业且学习驾驶满 6 个月以上者考领

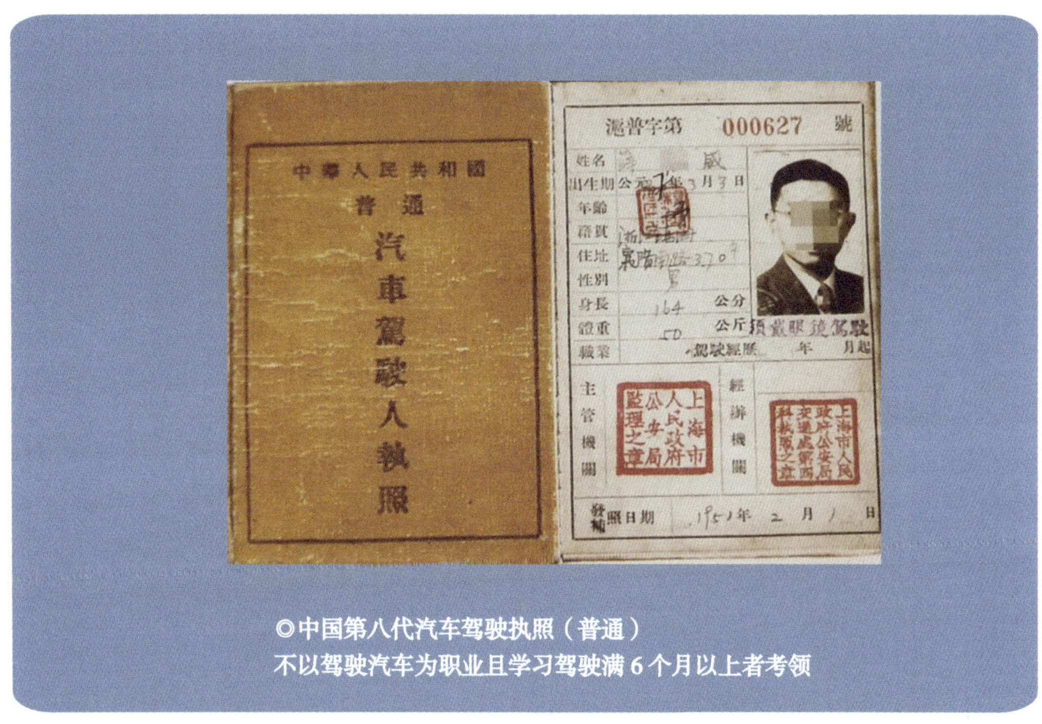

中華人民共和國
普通
汽車駕駛人執照

滬普字第 000627 號

姓名
出生日期 公元 年 3月3日
年齡
籍貫
住址
性別
身長 164 公分
體重 50 公斤
職業
駕駛經歷 年 月起

主管機關 上海市人民政府公安局監理之章
經辦機關

發照日期 1951年 2月 1日

◎中国第八代汽车驾驶执照（普通）
不以驾驶汽车为职业且学习驾驶满 6 个月以上者考领

1956 年 10 月，交通部、公安部印发《关于实行汽车驾驶员升等制度的指示》，开始在全国实行汽车驾驶员升等制度，开展驾驶员学习考试、记载安全里程等工作。

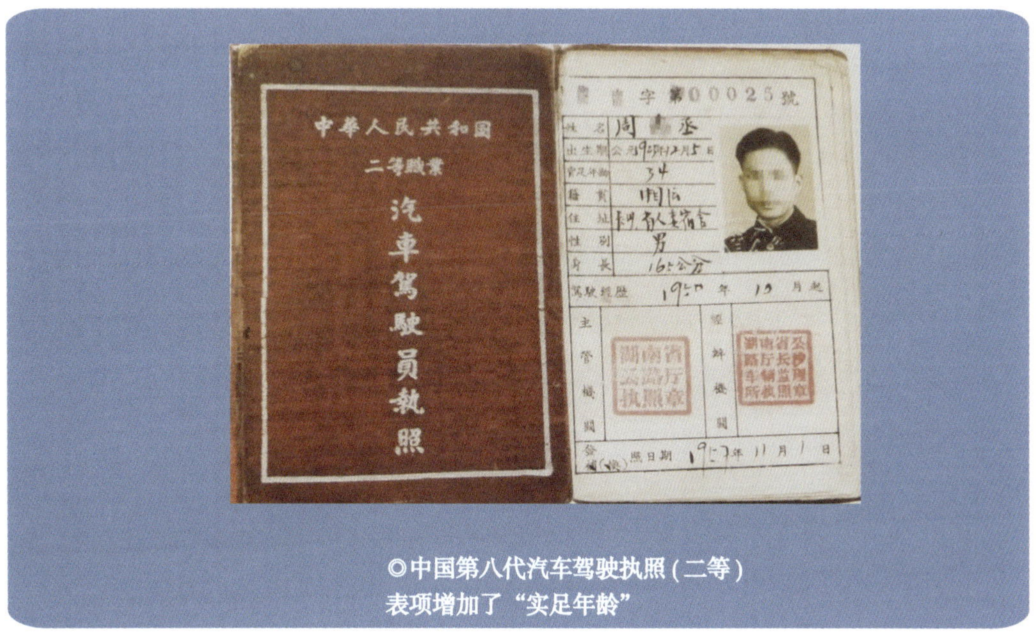

中華人民共和國
二等職業
汽車駕駛員執照

字第00025號

姓名
出生日期 公元
實足年齡 34
籍貫
住址
性別 男
身長 165公分
駕駛經歷 1950 年 10 月起

主管機關 湖南省公路厅执照章
經辦機關

發(換)照日期 1957年 11月 1日

◎中国第八代汽车驾驶执照（二等）
表项增加了“实足年龄”

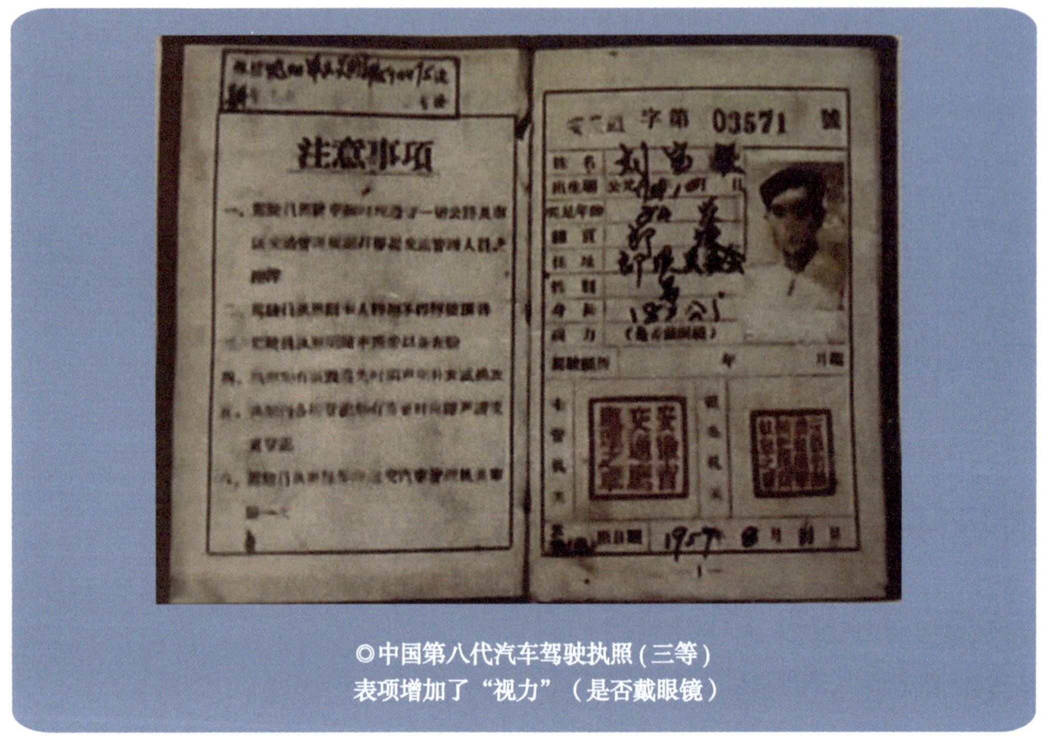

◎中国第八代汽车驾驶执照（三等）
表项增加了“视力”（是否戴眼镜）

1960 年 2 月 11 日，交通部发布《机动车管理办法》，首次使用“机动车”这个词汇。该办法将机动车驾驶证分为职业驾驶员执照、非职业驾驶员执照、实习职业驾驶员执照、学习驾驶证共 4 类，这是中国第九代机动车驾驶执照。

持有学习驾驶证，经培训单位或教练人同意，或者年满十八周岁，具备机动车驾驶员的身体条件，懂得交通规则，并且足以证明具有驾驶机动车技能的，都可以向车辆管理机关请领驾驶执照。经初次考试合格后，由车辆管理机关发给实习职业驾驶员执照或非职业驾驶员执照，并在执照上签注准驾车类。

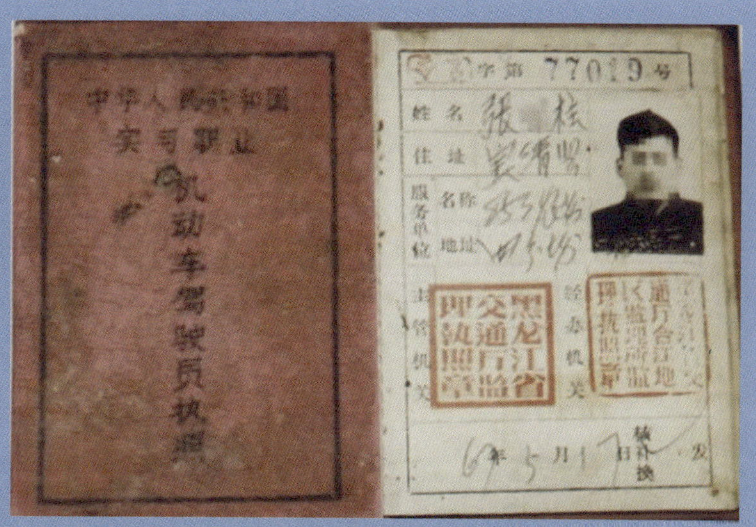

◎中国第九代机动车驾驶执照（实习职业）

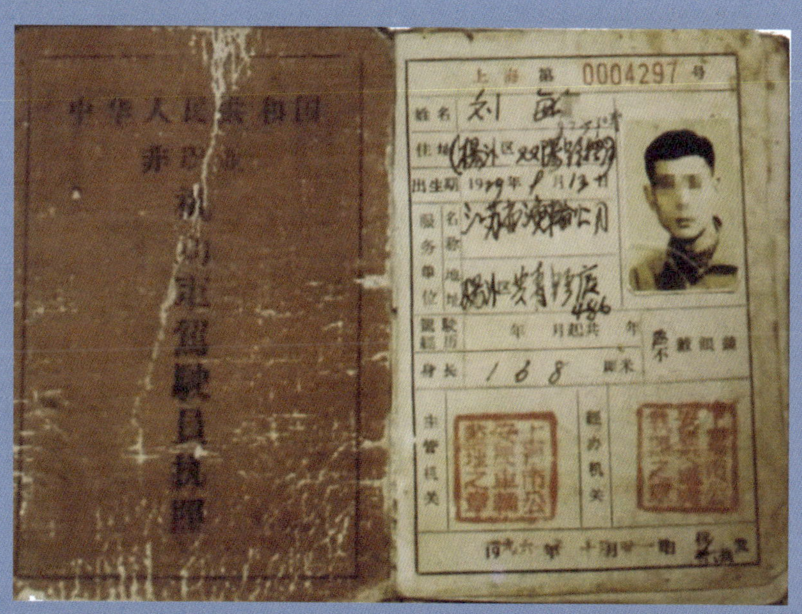

◎中国第九代机动车驾驶执照（非职业）

实习职业驾驶员安全驾驶车辆半年以上并有一定经验的，由车辆所属单位提出意见，经车辆管理机关核准后，可以换发职业驾驶员执照。

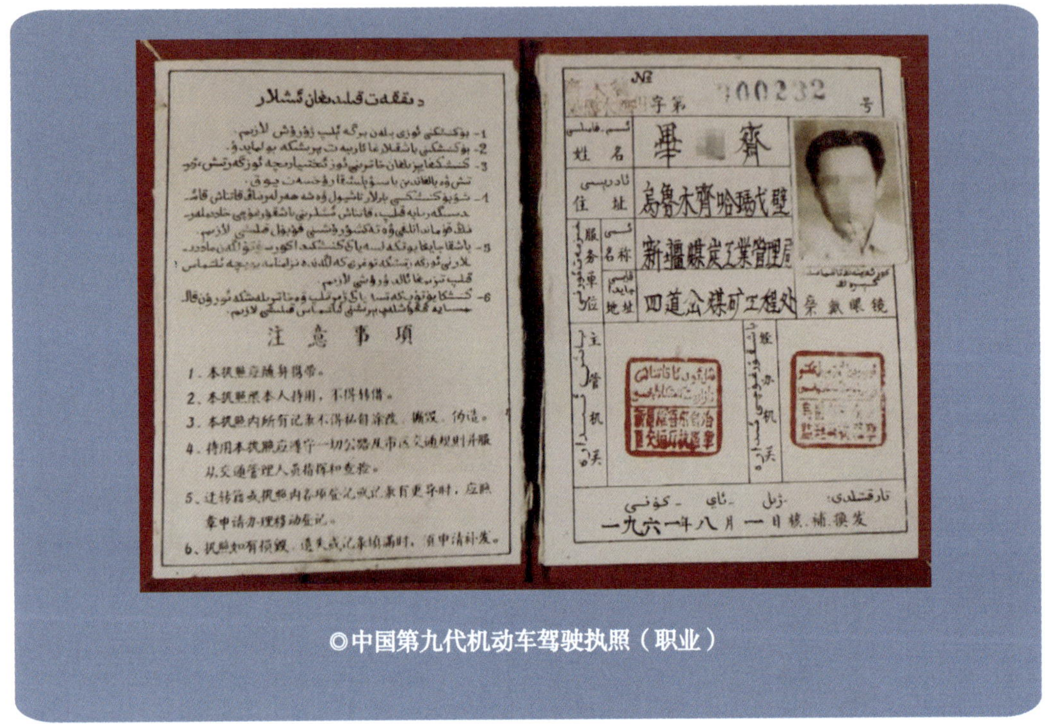

◎中国第九代机动车驾驶执照（职业）

《机动车管理办法》在说明中指出：驾驶执照不再划分等级，免去请领学习驾驶证的考试（由负责教练者证明始发），对于初考合格的职业驾驶员一律先发给实习执照（实习驾驶员可以独立担任驾驶），取消“吊销执照”，扩大“代理证”’的应用范围，取消“记载安全里程”。

1972 年 3 月 25 日，公安部、交通部发布《城市和公路交通管理规则（试行）》，将驾驶执照改称为驾驶证，分为机动车驾驶证、机动车实习驾驶证（实习期 1 年）和机动车学习驾驶证共 3 类，这是中国第十代机动车驾驶证。

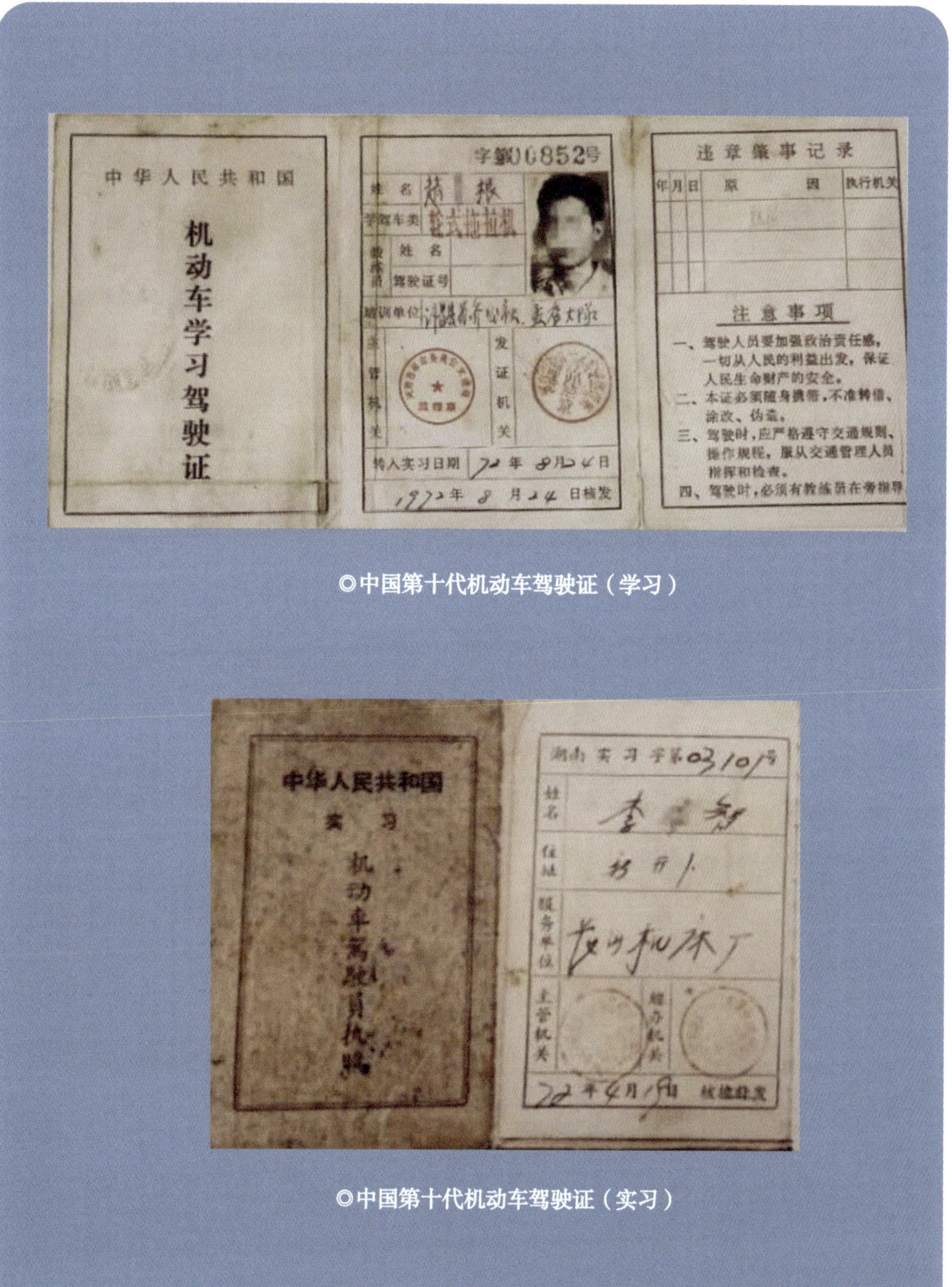

◎中国第十代机动车驾驶证（学习）

◎中国第十代机动车驾驶证（实习）

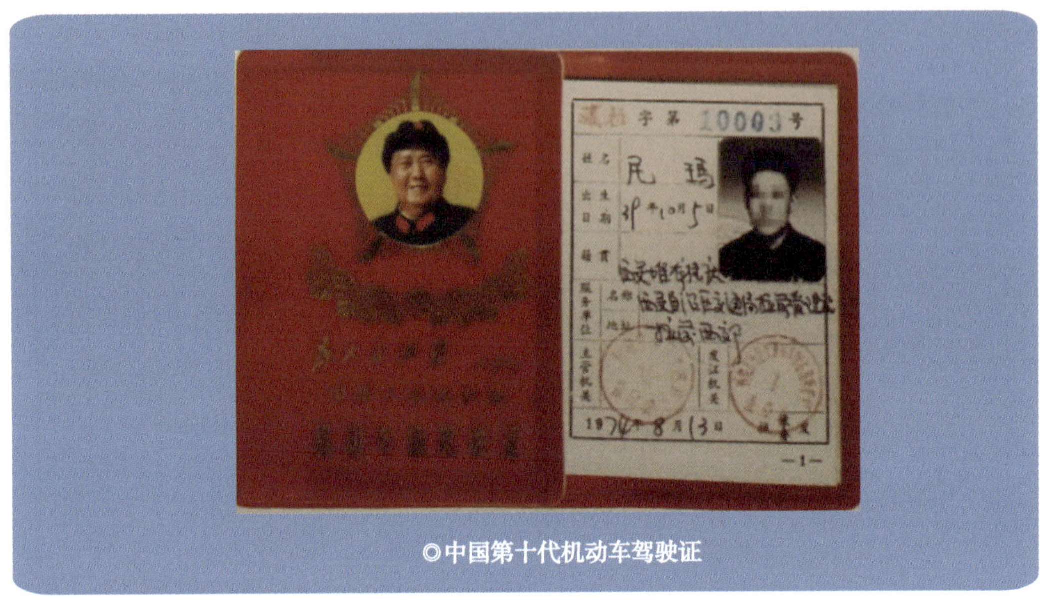

◎中国第十代机动车驾驶证

1988 年 12 月 19 日，公安部发布《机动车驾驶证件》(GN 43−1988) 标准，在全国统一启用新的机动车驾驶证，分为机动车驾驶证、机动车实习驾驶证、机动车学习驾驶证、机动车临时驾驶证共 4 类。这是中国第十一代机动车驾驶证。

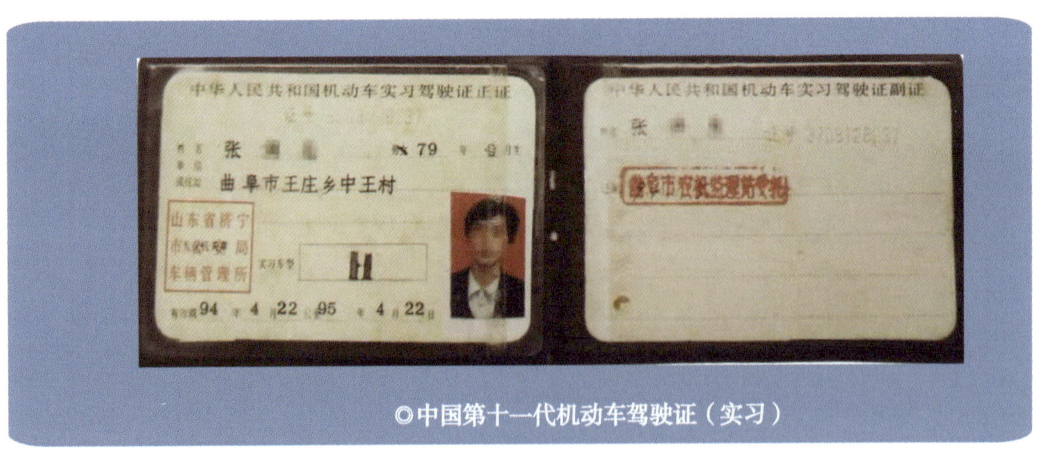

◎中国第十一代机动车驾驶证（实习）

1996 年 9 月 1 日起施行的《机动车驾驶证管理办法》，将机动车驾驶证分为机动车驾驶证、机动车学习驾驶证、机动车临时驾驶证共 3 类。驾驶证正面记录有持证人的身份证号码等信息，这是中国第十二代机动车驾驶证。

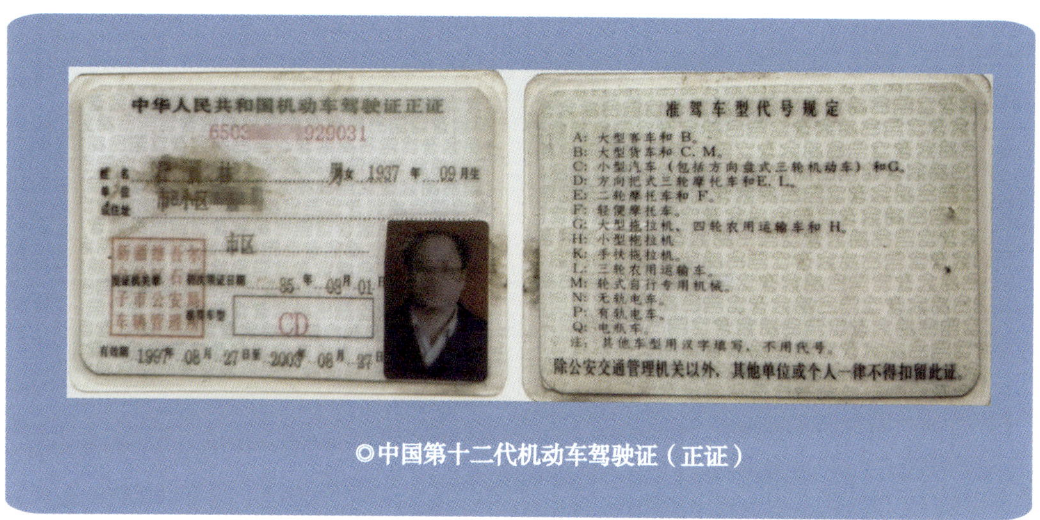

◎中国第十二代机动车驾驶证（正证）

2004 年 10 月 22 日颁布施行的《机动车驾驶证件》(GA 482–2004)，取消了驾驶证分类，统一为中华人民共和国机动车驾驶证，有效期分为 6 年、10 年和长期，这是中国第十三代机动车驾驶证。

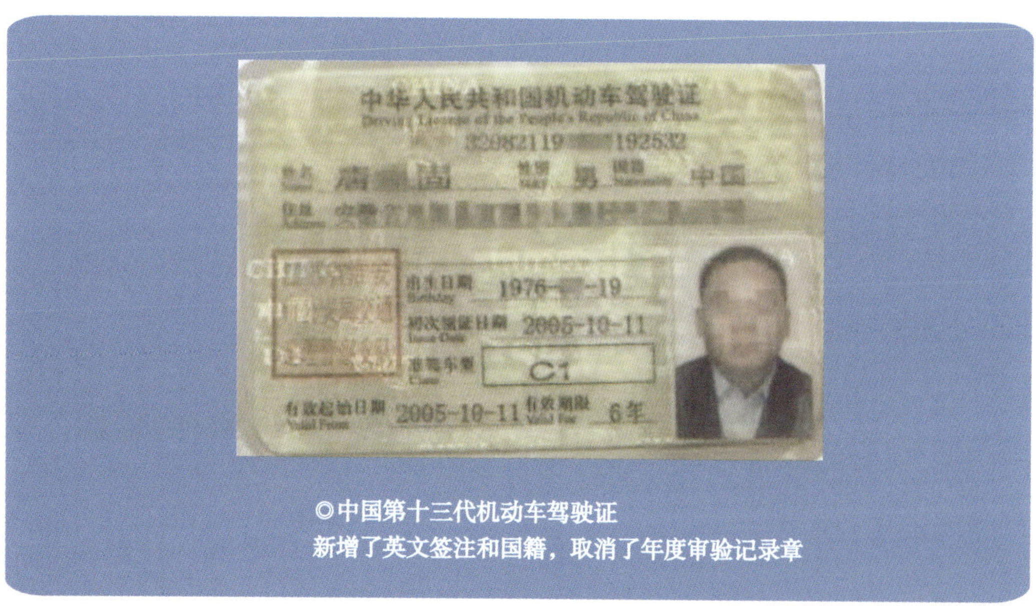

◎中国第十三代机动车驾驶证
新增了英文签注和国籍，取消了年度审验记录章